O QUE TODO JOVEM PRECISA SABER SOBRE ASTROLOGIA

Editora Appris Ltda.
2.ª Edição - Copyright© 2024 do autor
Direitos de Edição Reservados à Editora Appris Ltda.

Catalogação na Fonte
Elaborado por: Josefina A. S. Guedes
Bibliotecária CRB 9/870

P365q 2024	Peccoraro, Benedito José O que todo jovem precisa saber sobre astrologia / Benedito José Peccoraro. 2. ed. – Curitiba: Appris, 2024. 215 p. ; 23 cm. ISBN 978-65-250-6001-9 1. Astrologia. 2. Horóscopos. 3. Previsão astrológica. I. Título. CDD – 133.5

Appris *editora*

Editora e Livraria Appris Ltda.
Av. Manoel Ribas, 2265 – Mercês
Curitiba/PR – CEP: 80810-002
Tel. (41) 3156 - 4731
www.editoraappris.com.br

Printed in Brazil
Impresso no Brasil

Benedito José Paccanaro

O QUE TODO JOVEM PRECISA SABER SOBRE ASTROLOGIA

Dedico este livro aos meus filhos, Rafael, Leonardo e Jamile, que têm sido meus grandes incentivadores.

E a todos os jovens com interesse no autoconhecimento desenvolvido pela Astrologia.

APRESENTAÇÃO

A presente obra visa autoconhecimento e à orientação nos mais diversos sentidos aos jovens de ambos os sexos, utilizando-se de uma sabedoria milenar que supera as barreiras do tempo e do ceticismo – a Astrologia.

O texto, numa forma bem simples, explora a influência do planeta regente de cada um dos signos na formação da personalidade e os principais atributos que cosmicamente são outorgados pela imagem do céu no instante do nascimento.

Munidos dessa ferramenta, pode-se visar grandes perspectivas, muitas vezes não exploradas pelos jovens, que abrigam um manancial de possibilidades em sintonia com seu verdadeiro ser.

O livro oferece uma visão abrangente dos conteúdos de que se pode dispor na compreensão de si mesmo, visando ao enriquecimento de conhecimento num momento em que cada vez mais o esotérico e o místico avançam decididamente no sentido de auxiliar a humanidade como um todo.

São explorados cada um dos planetas astrológicos em suas características e significados, dos quais se pode auferir excelentes indicativos para os nativos de todos os signos, oferecendo uma concepção atualizada da sua dinâmica e atuação no destino de cada um.

A proposta é oferecer ao público jovem uma abordagem interessante e útil sobre o que significa cada planeta no âmbito astrológico e cujas energias são impregnadas no instante do nascimento da pessoa.

Para compreensão dos textos não é necessário nenhum conhecimento preliminar da Astrologia, pois o enfoque se pauta pelas questões práticas que estruturam cada personalidade planetária.

Cabe lembrar que a Astrologia sobrevive a mais de 3000 anos sendo sempre atual.

SUMÁRIO

O INTERESSE PELA ASTROLOGIA

Astrologia é extremamente popular, principalmente no Brasil, e de acordo com os amantes da arte, os jovens estão se interessando cada vez mais pelo assunto.

O sucesso da Astrologia não é de ontem, ele tem raízes nas origens do conhecimento humano. A Astrologia é a linguagem que as estrelas passam para nós.

É uma ferramenta para a humanidade se compreender melhor; o objetivo é ampliar a consciência para que o jovem se avalie.

Por meio desta obra, o jovem de qualquer sexo pode se inteirar de como o seu planeta regente influencia em sua vida, seu temperamento, suas atividades profissionais e seus relacionamentos amorosos.

Conhecer a atuação do planeta é vivenciar as bênçãos celestiais que o Universo faz jorrar sobre cada um.

O significado da astrologia foi obtido relacionando milhares de anos de observação direta do padrão de movimento da Terra, do Sol, da Lua e dos planetas à medida que passavam pelos signos.

Decorrentes dos ciclos celestes observados e medidos com precisão, testados e ajustados ao longo de milhares de anos, esses arquétipos planetários – os "seres celestiais", suas lendas e características – estão profundamente enraizados na psique humana.

O primeiro passo para usufruir da Astrologia é deixar de fora as desconfianças e prestar atenção aos seus indicativos, e ela só pode ser demonstrada pela experiência pessoal.

A Astrologia é uma ferramenta para aqueles que desejam harmonizar-se com a criação contínua do universo, e particularmente para aqueles que desejam participar dessa construção tanto quanto possível. O apelo essencial da Astrologia é que ela estabelece uma ligação íntima entre o céu e a terra.

A linguagem foi desenvolvida por nossos ancestrais, que eram bem mais próximos dos ritmos naturais. A Astrologia já é ensinada em Universidades.

Perto do fim do século XX, a Astrologia foi adotada pela "Nova Era". Longe de desaparecer na clandestinidade, ela cresceu em popularidade. Assim, é um período empolgante para a arte cuja popularidade continua crescendo, e é um momento oportuno para o jovem aumentar o seu autoconhecimento.

Mesmo sendo atacada por preconceitos e mal-entendidos ao longo dos séculos, por meio de sua longevidade e tenacidade a Astrologia provou que é uma excelente ferramenta para o desenvolvimento de qualquer jovem.

Diversas definições para Astrologia foram oferecidas por astrólogos americanos em uma conferência em 1998, em Seattle, como:

"Um guia útil para orientar a vida das pessoas";

"O uso das forças naturais de energia, possivelmente magnéticas, emitidas pelos planetas";

"O estudo e a prática da interligação dinâmica e inteligente de todas as coisas por meio da linguagem macrocósmica de frequência – ou o texto de Deus! ".

Algumas culturas sequer têm uma palavra que traduza em termos simples o que ela significa. Na Índia, é chamada *Jyotish*, a ciência da Luz. No Japão, é parte de um campo mais amplo do *Onmyodo*, ou a "divisão do yin-yang". Na antiga cidade de Babilônia, de onde se originou grande parte da tradição ocidental, um astrólogo teria sido conhecido na região da língua acadiana como um *Tupsaruenuma Ani Enlil*, um *tapsaru* era um escriba, enquanto Anu e Enlil eram os deuses do céu e do ar.

Quando um determinado padrão planetário coincidia com um evento importante, ele era adicionado ao crescente corpo da literatura astrológica; quando o padrão surgia subsequentemente, os astrólogos podiam prever eventos similares. Se um evento previsto falhava, então se assumia que fatores adicionais deveriam ser levados em consideração na próxima ocorrência, e assim o corpo da doutrina se desenvolveu gradualmente. Todo o sistema era baseado na premissa teórica de que o movimento dos corpos celestes representava as comunicações divinas entre os deuses e as deusas. Por isso, se as previsões fossem imprecisas não era falha da Astrologia, mas dos astrólogos que tinham interpretado erroneamente os sinais.

Desde aproximadamente 1600 a.C., época da qual sobreviveram os primeiros textos astrológicos babilônicos, as práticas astrológicas têm sido sistematizadas. O universo era visto como um todo ordenado e único, embora à mercê dos caprichos de deuses e deusas.

O movimento das estrelas era a escrita dos deuses e das deusas no céu, um texto ou uma narrativa celeste. A intenção divina era codificar todo o universo, e as mensagens celestiais poderiam ser desvendadas por meio do estudo desses movimentos.

Cada corpo celeste de destaque estava ligado a um deus ou a uma deusa, e cada movimento enviava mensagem a respeito das respectivas intenções divinas.

O futuro, uma vez previsto, era negociável. Os astrólogos comunicavam ao rei, avisando sobre possíveis ameaças e aconselhando sobre ações adequadas, como reforçar as defesas contra os ataques de inimigos; realizar um ritual, um banho especial ou oferecer um sacrifício a uma deidade particular. Como conselheiros do governo, os astrólogos acumulavam os papéis de bispos, economistas e servidores públicos.

A evidência sugere que escribas e sacerdotes da Babilônia acreditavam que o mundo era polarizado entre duas forças: em um extremo havia a ordem absoluta, representada pelos movimentos regulares do Sol, da Lua e das estrelas, escritos no texto da vida diária por meio de um calendário sagrado. Na outra extremidade, deuses e deusas imprevisíveis poderiam alterar o futuro por um capricho.

A ordem previsível dos movimentos estelares e planetários traçava nosso destino, enquanto a aparência mutável das estrelas de um dia para outro – ornado pela poeira das nuvens ou sujeito a mudanças sutis de colocação – sugeria que o futuro poderia ser negociável.

Platão desenvolveu diversas premissas, como:

- "A vontade de Deus se desdobra através do tempo, um processo medido pelos movimentos dos planetas. O tempo é, na verdade, o princípio ordenado de tudo em nosso mundo físico";

- "Deus é 'a causa primeira', responsável por tudo. Os planetas são 'causas secundárias' e desempenham um papel subserviente, transmitindo a vontade de Deus para a humanidade";

- "Cada alma 'escolhe' a sua vida antes do nascimento. Quando a alma desce para a Terra através dos planetas, os 'destinos' tecem a sua sina e ela esquece as escolhas que fez".

O ZODÍACO

O jovem curioso quer conhecer alguns conceitos astrológicos para se inteirar dessa arte misteriosa. Inicialmente, é bom saber que a palavra **zodíaco** deriva do grego e significa "roda dos animais" porque os signos, na grande maioria, recebem o nome de um animal.

Para os círculos o psicanalista Jung adotou a palavra sânscrita **mandala,** que significa centro. O círculo aparece em antigos entalhes rupestres na África, Europa e América do Norte.

Nós crescemos a partir de um pequenino ovo redondo, abrigado no útero de nossa mãe. Nele, somos circundados e firmemente apoiados num espaço esférico. O círculo é símbolo do Todo, de um campo de consciência onde tudo o que existe criado ou em potencial ali se circunscreve, símbolo de consciência total, plena, também chamada consciência cósmica.

Os signos são escalas de energia ou diferentes níveis da manifestação provinda de uma mesma essência, de uma mesma unidade. São apenas diferentes níveis de vibração da mesma unidade, de uma mesma essência criadora. São representações da forma básica com que a vida se estrutura na sua multiplicidade de manifestação.

Durante muitos milênios, astrologia e astronomia eram conceitos intercambiáveis – quem estudava um também considerava o outro. Tanto que Johannes Kepler, descobridor das leis que regem a mecânica dos planetas, ganhava a vida fazendo mapa astral.

No entanto, hoje os dois ramos do conhecimento caminham separadamente. A astronomia atual como Ciência não aceita a ideia de que os planetas possam ter qualquer relação com nossa vida e nosso destino.

A Astrologia baseia-se na posição dos astros na hora do nascimento, influenciando as pessoas aqui na Terra. Os babilônios não tiraram essas noções do nada, e sim pela observação e ligação do céu com a vida humana. Foi ao longo de centenas de anos de observação que a influência dos astros foi adquirindo sentido para os homens.

Os babilônicos traçaram as regras para a Astrologia usando um conhecimento antiquíssimo, provavelmente da Idade do Bronze, que era a divisão do céu em grupos de estrelas – as constelações –. Ao analisarem o caminho do Sol no céu, observaram que ao longo de um ano ele passava por 12 constelações. Assim, dividiram o céu em 12 faixas de 30 graus completando o círculo de 360 graus.

Alguns estudiosos consideram que a Astrologia babilônica data do século V a.C. As mais antigas tábuas de argila mostram que, no século III a.C., os babilônios conheciam os movimentos do Sol, da Lua e de cinco planetas, além de interpretá-los para guiar suas escolhas diárias. Projetaram calendários sagrados revelando que Vênus era Ishtar, deusa do amor; Marte, Nergal, deus do submundo; e Mercúrio era Mabu, o escriba dos deuses.

Numa tentativa de compreender o cosmo, os observadores chegaram à conclusão de que o céu refletia a Terra – que se acreditava ser o centro do Universo – e que as estrelas eram a morada de deuses e outras criaturas cujas formas podiam ser vistas nas estrelas.

A crença de que o céu era um registro da vida na Terra foi sustentada pelas civilizações antigas.

A interdependência entre o céu e a Terra foi registrada pela primeira vez no "Manual do Divinador", em texto composto por volta de 800 a.c., por um astrólogo babilônio.

A ocupação persa na Babilônia, em 539 a.c. (que ocasionou a libertação dos judeus), expôs não tanto as falhas da Astrologia em si, mas as dos astrólogos babilônicos da época. O encontro com o Estado persa zoroastrista levou a avanços da Astrologia. Tábuas de argila de 419 a.c. revelam uma compreensão sistêmica dos doze signos do zodíaco e fornecem interpretações do movimento dos planetas por meio dos signos – em outras palavras, a fundamentação técnica da linguagem astrológica ocidental que conhecemos hoje.

Há evidências de que os egípcios alinhavam as tumbas astronomicamente para que os mortos pudessem seguir o caminho apropriado que os levaria da vida na Terra para a imortalidade no céu. Uma haste na câmara do rei na grande pirâmide de Gizé aponta diretamente para a constelação de Órion.

ASPECTOS CURIOSOS DA ASTROLOGIA

A Astrologia que usamos hoje em dia teve origem na Mesopotâmia, atual Iraque, e depois foi adaptada pela Grécia Antiga e utilizada por toda a Europa.

Setecentos anos antes de Cristo, já haviam analisado o movimento dos corpos celestes para determinar quais constelações faziam parte do Zodíaco.

Os babilônios também acreditavam que recém-nascidos trouxessem recados sobre o futuro. Assim, se uma mulher desse à luz um anão, a casa da família seria destruída; se tivesse uma criança cega, aumentavam as chances de alterações climáticas.

Uma destacada astróloga foi Enheduana, filha do imperador Sargon, por volta de 2300 a.C. Enheduana foi autora de vários trabalhos, inclusive "Exaltação a Inana", um hino a Vênus, que ainda era cantado em templos quinhentos anos após a morte da astróloga. Sacerdotes e sacerdotisas cantavam os versos quando o planeta surgia no céu.

A Astrologia ajudava as pessoas a tomarem decisões, como quando partir para uma viagem, semear e colher ou entrar em guerra. Isso era feito pelo reconhecimento de padrões. Marte surgiu no horizonte no dia em que uma grande enchente aconteceu? Um sinal. A Lua estava minguante quando a batalha foi vencida? Um padrão.

Ao longo de centenas de observações, as coisas do céu foram ganhando sentido terreno. Para os babilônios e outros povos que procuravam respostas no alto, era como se os planetas estivessem enviando sinais. Daí o nome: signos.

Todo planeta já foi um deus. As características de cada signo foram tomadas emprestadas a partir do panteão dos deuses babi-

Iônicos. Cada planeta era relacionado a um deus, que por sua vez passou suas qualidades para os signos.

Ao longo dos séculos, e quando a Astrologia chegou à Grécia Antiga, os signos também foram ganhando as características dos deuses clássicos.

O número 12 tem tido um importante significado cultural e espiritual ao longo da história. Cristo teve 12 apóstolos e o islamismo xiita 12 imãs. O budismo considera que há 12 elos na cadeia causal que nos escraviza no ciclo de renascimento, bem como são 12 os atos de libertação de Buda.

Uma tábua de argila fornece a primeira evidência documental de uma pessoa com nome grego usando um mapa natal: uma criança nascida na manhã de 3 de junho de 235 a.C.

O mais influente dos escritos é o *Tetrabiblos*, de Ptolomeu de Alexandria, escrito em 120 d.C., que descreve o movimento dos planetas e das estrelas sem traços de magia ou religião, e indica as qualidades desses astros além de regras de interpretação. Esse trabalho foi o texto-base dos pensadores e astrólogos medievais europeus.

Santo Agostinho admitiu que os astrólogos acertavam com frequência, mas argumentou que seu sucesso era em grande parte devido ao demônio que os alimentava com as informações corretas para auxiliá-los a conduzir as pessoas para longe de Cristo.

Entre os anos 150 e 175, o astrólogo Vettius Valens escreveu *Anthology*, que contém mais de centenas de horóscopos gregos. Ao mesmo tempo em que divulga a Astrologia, procura manter as tradições egípcias de iniciação e segredo. Essa obra permanece como uma profunda influência sobre a Astrologia ocidental.

A elite romana viu que a Astrologia era uma ferramenta útil para confirmar se as datas de nascimento de imperadores e outros líderes eram auspiciosas, bem como a melhor época para a inauguração de obras, monumentos etc., e também era aplicada para explorar eventos importantes na vida dos romanos.

Astrólogos do século XIII consultavam a Astrologia com sucesso em questões militares. A família Médici, em especial Catarina de Médici, rainha da França, apadrinhava astrólogos.

Por volta do século XIII, a Astrologia estabelece-se como princípio para a prática da medicina. Com base nas traduções latinas de textos médicos árabes, o sistema de Hipócrates foi renovado, e os tratamentos fundamentaram-se na relação das partes do corpo com signos, planetas e qualidades, como quente e frio, úmido e seco.

Esse conhecimento também era aplicado para explicar epidemias, como a que deflagrou a Peste Negra, atribuída a um eclipse lunar ocorrido em 1345, assim como a uma conjunção de Marte, Júpiter e Saturno.

O astrólogo John Dee (1527-1608) usou a Astrologia para escolher a época mais propícia para a coroação da rainha Elizabeth I, e deu-lhe aconselhamentos regularmente.

As peças teatrais de Shakespeare têm referências abundantes à Astrologia, tanto favoráveis quanto desfavoráveis, dependendo do personagem.

Um mapa especial, chamado "decumbiture", era elaborado quando uma doença surgia e usado para prognósticos e indicação de tratamentos. O guia de ervas medicinais publicado em 1653, de Nicholas Culpeper, permanece um valioso trabalho de referência, atrás apenas da *Bíblia* como o livro inglês reimpresso continuamente há mais tempo.

Galileu Galilei (1564-1642) também era astrólogo e há registros de mapas que elaborou para si, para suas filhas e até para seu patrono, Cosimo II de Médici. Como Kepler, tentou reformular a Astrologia melhorando sua interpretação em vez de rejeitá-la como superstição.

Nas primeiras décadas do século XIX, houve um aumento de publicações sobre Astrologia – em especial por Raphael (Robert Cross Smith, 1795-1832), cujo anuário *Raphael's Ephemeris* é publicado até hoje.

Os arquétipos da Astrologia chinesa são diferentes dos da ocidental, mas também são calculados com base na hora, data e local de nascimento.

Da cidade inca de Machu Picchu, no Peru, às pirâmides pré-colombianas da América Central, muitos exemplos de ricas tradições astrológicas foram encontrados no Novo Mundo.

Os egípcios subdividiram o céu em 36 partes, conhecidas como decanos. Suas medições celestes serviam à certeza dos céus em vez de prever e ajustar o comportamento humano, como era feito pelos babilônios. Esse estilo de Astrologia aportou relativamente tarde no Egito, no século I a.c., possivelmente por conta de ligações diretas com assírios e persas que governaram durante 525-402 e 343-332 a.c., respectivamente.

Os vários sistemas astrológicos que floresceram ainda hoje formam na Índia uma linhagem ininterrupta há milênios. Apenas nas últimas décadas, a tradução de diversos textos antigos em latim e grego revelou como essas tradições são similares às técnicas de astrólogos gregos, medievais e renascentistas no Ocidente. Parece que a influência astrológica babilônica e grega alcançou esse país ao mesmo tempo em que prosperava no Mediterrâneo. Na Índia, a astrologia conquistou mais respeito que no Ocidente e permanece como uma força positiva na sociedade indiana. Os astrólogos são mais importantes na sociedade indiana que no Ocidente. São consultados antes das decisões importantes, desde escolher um cônjuge, o nome do filho, onde morar ou abri um novo negócio.

SIGNOS E DEUSES PLANETÁRIOS NA VIDA ASTROLÓGICA DO JOVEM

Quando a influência de um planeta ressoa tão bem com a de um signo em particular se diz, então, que o planeta "rege" aquele signo. Dessa forma, Marte rege Áries, porque ambos refletem qualidades ardentes e positivas.

Como o Sol é ardente, diz que é "exaltado" em Áries. Por outro lado, as qualidades mais sensíveis e ponderadas de Vênus podem facilmente ser alteradas, "queimadas", e até se tornar perigosamente apaixonadas em um signo de fogo. Portanto, dizemos que Vênus está "em detrimento" naquele signo. A disciplina e a estrutura associadas a Saturno ficam pouco à vontade com a energia por vezes ardentemente turbulenta de Áries, e, portanto, diz-se que Saturno está "em queda" ali.

Os primeiros astrólogos acreditavam que a disposição de planetas no momento do nascimento da criança fornecia um informe sobre a vida que ela teria e a condição de sua alma. Assim, se Vênus, fosse considerado o planeta mais forte no nascimento, a criança deveria crescer sendo carinhosa e afetuosa, porém suscetível à lascívia.

Havia várias maneiras de o planeta ser considerado forte: se ele estivesse no signo que regia, como a Lua em Câncer; uma pessoa nascida com Marte – o planeta guerreiro– em destaque seria um lutador em busca de boas causas, mas se provocada poderia se tornar violenta.

Seguindo a crença de Platão – de que cada um de nós possui uma alma que está ligada às estrelas e habita um universo matematicamente previsível –, junto com a elucidação proposta por Aristóteles da mecânica celeste, os antigos astrólogos criaram a

Astrologia técnica que é praticada até hoje. Eles codificaram os significados das estrelas, dos planetas, dos signos zodiacais e formularam métodos de previsão.

Os textos sobreviventes desse período datam somente do primeiro e do segundo séculos da nossa era. Os mais importantes são a *Antologia*, de Vettius Valens, um texto com exemplos de horóscopos, e o *Tetrabiblos*, de Claudio Ptolomeu, uma enciclopédia de técnicas. O livro foi amplamente reconhecido e se tornou o livro-texto astrológico mais importante na Europa até o século XVII.

Por volta do primeiro século da era cristã os astrólogos em todo o mundo, das fronteiras ocidentais do Império Romano às costas orientais da Índia, montavam horóscopos capazes de mostrar em detalhes exatos as oportunidades de sucesso ou fracasso de cada pessoa, junto com a condição da sua alma e a sua relação com o divino.

O movimento físico dos planetas era visto como a forma que a divindade correspondente se comunicava com a Terra. Ao compreender essas mensagens, era possível fazer previsões e tomar decisões.

Essa sabedoria era o cerne da civilização babilônica que construía templos na forma de pirâmides, os zigurates, que funcionavam como centros espirituais e administrativos.

Tábuas de argila de 1800 a.C. mostram que uma noção intrincada dos movimentos planetários era passada adiante como uma lei natural, cujas regras e regulamentos teriam sido deixados pelos deuses.

Registros astrológicos foram mantidos por cerca de 700 anos desde 700 a.C., por meio dos quais o conhecimento era passado para as outras gerações.

Aperfeiçoamentos nos sistemas ópticos a partir do século XVIII ampliaram o conhecimento físico do Sistema Solar, levando à descoberta de Urano (1781), Netuno (1846) e Plutão (1930).

Diferenças entre lenda, alegoria, parábola, mito e arquétipo

Lenda origina-se da palavra latina *legenda* – "coisas que devem ser lidas" – trata-se de uma narrativa ou história contada de forma a enaltecer alguma pessoa ou algum evento e feita para ser lida ou contada, em geral tem por base um fato histórico, o qual é voluntária ou involuntariamente distorcido.

Alegoria do grego *allegoria* – que etimologicamente significa "outra coisa" – é a exposição de um pensamento sob forma figurada, a tentativa de explicar alguma coisa por meio de um simbolismo baseado em outra, uma peça de ficção que se utiliza de uma coisa para dar ideia de outra.

Fábula do latim *fabula* é uma narração alegórica, em geral atribuindo a animais e outros seres vivos características humanas e encerando um cunho moral.

Parábola do grego *parabole* – que significa "entrar de lado, "contornar" –, é uma narração também alegórica e com marcado cunho didático, geralmente utilizada pelas religiões ou filosofias para transmitir seus ensinamentos uma vez que o conjunto de seus elementos evoca, por comparação, uma realidade de ordem superior ou mais complexa.

Mito, que se diferencia desses outros conceitos, é em geral a narrativa simbólica de um início ou do processo de surgimento de algo, seja de uma realidade total, como o universo, seja de uma parte dessa totalidade, como uma região, uma localidade, uma espécie viva ou um traço de comportamento humano. Assim, o mito nos conta como algo que não era passou a ser.

Acontece que o mito é também uma história contada de geração a geração. Sua essência, portanto, é despida de traços pessoais ou culturais específicos e é exatamente por essa característica que o mito representa o estrato mais profundo do conhecimento registrado na psique humana no correr de infinitas gerações – já que não se refere a esse ou àquele acontecimento em particular e pode ser "revivido" por todo ser humano que o atualiza novamente por intermédio de seu comportamento consciente ou inconsciente.

Por isso o mito expressa o mundo e a realidade humana por meio de uma essência que nos chega pelas representações coletivas transmitidas de ser humano para ser humano, visto que todas as gerações que já viveram defrontaram-se de alguma forma com as mesmas categorias principais de experiências de vida (fecundação, nascimento, maturação, morte, união, separação, guerra, paz, conquista, perda, integração, desintegração etc.).

Os deuses e deusas celestiais detinham o poder final – reis e rainhas eram seus representantes na Terra – e a Astrologia foi estabelecida como um sistema para organização social e administração política; dos astrólogos, com seu conhecimento celestial, esperava-se o aconselhamento ao rei sobre o melhor momento para realizar atividades, desde declarar guerra até a dedicação de um novo templo, ou como preservar a coesão social ou gerar a prosperidade.

Arquétipos, do grego *arché*, significa primeiro ou original e foram utilizados por Jung. O grego Platão ensinava que tudo no mundo material possuía um modelo original em outra dimensão – no perfeito, eterno e imutável mundo do "Ser". Tal modelo foi descrito como uma "Ideia" (palavra da qual deriva o termo idealista – que significa alguém que acredita na perfeição), uma "forma" ou um "Arquétipo". De acordo com Platão, tudo no mundo é uma cópia pálida do seu modelo original. Pela teoria desse filósofo, quando ascendemos da Terra através dos planetas para as estrelas, passamos da imperfeição para níveis cada vez mais próximos da perfeição. Mesmo que Deus permeasse todo o cosmos, o seu lar natural seria além das estrelas. Dessa forma, os planetas estavam próximos de Deus e as estrelas mais próximas ainda, e seus movimentos revelavam as manifestações diferentes dos arquétipos em nosso mundo, as qualidades mutáveis do tempo e as frequentes alterações sociais e políticas que fluíam desses movimentos.

Áries
Planeta regente Marte

A energia de Marte é de coragem, vitória, ataque, proteção, motivação, confiança e paixão. É ligada ao elemento Fogo e à cor vermelha.

A terça-feira corresponde ao planeta Marte, assim sendo é um dia perfeito para o que diz respeito a disputas de forma geral. Quando se necessita de muita coragem para fazer alguma coisa, deve tratar de reforçá-la nesse dia.

Se estiver procurando um modo de absorver a energia de Marte no seu dia, anda com algo vermelho. Assim o vermelho, o ferro e o pinho tornam-se energia ativa de Áries. No primeiro signo do zodíaco, temos a primeira cor que impactou o homem – o vermelho – assim como o sangue era tido como fonte de um poder misterioso, a força da vida e sua mística.

O deus Marte herdou características do deus babilônico Nergal, que regia as guerras e a morte. Era também o deus da destruição, o que pareceu adequado para relacioná-lo com Marte, que em Roma era o deus da guerra. O espírito guerreiro dos romanos era colocado sob a proteção de Marte.

Era o carneiro voador mágico, com lã de ouro enviado por Zeus para salvar Hele e Frixo (filhos do rei da Beócia) de sua madrasta assassina. Quando atravessam a Europa para a Ásia, Hele caiu das costas do carneiro e morreu no mar. O carneiro então levou Frixo a salvo para a terra da Cólquida, no extremo oriental do Mar Negro.

Marte é o arquétipo da luta, do conflito e expressão de energia vital que se liberta para agredir e possuir o desejo do amor com as pulsões profundas. Símbolo da conquista e do domínio. O étimo *are* em grego, significa "violência, cólera".

O planeta é associado a Áries desde o século VIII antes de Cristo.

Áries, regido por Marte, pode partir para a guerra a mais leve provocação. É o herói sempre pronto a assumir a retaguarda e o lado empreendedor dos negócios.

Touro

Planeta regente Vênus

A energia de Vênus está ligada a diversões, à beleza, aos prazeres, às finanças, à jardinagem e à cor verde. O verde, o cobre, a esmeralda e a maçã proporcionam a Touro uma vibração mais suave do que a emanada de Áries.

Foi a deusa Ishtar que deu todo o charme aos taurinos. Associada ao sexo, essa deusa regia os assuntos de amor, da fertilidade e da prostituição. O planeta atribuído a ela era Vênus, que também era o nome da deusa do amor em Roma. Para os fenícios era Astoreth.

A deusa teria nascido de um ovo que os peixes do Eufrates empurraram até a margem e que fora chocado por uma pomba.

Os desejos da Ishtar, "a Rainha dos Céus", eram revelados por meio dos movimentos do planeta Vênus. A deusa era saudada como um arauto tanto da noite quanto do dia, e era objeto de devota veneração religiosa.

Nos tempos babilônicos, Touro era o começo do ano zodiacal, com a presença do Sol no signo coincidindo com o equinócio da primavera. Isso pode ser reforçado pelo papel que touro ocupa em muitas culturas como símbolo de fertilidade, crescimento e poder.

A mitologia grega antiga associava Touro ao touro de Creta – pai do famoso Minotauro –, capturado do rei Minos por Hércules.

No Egito, o coração resoluto, o poder e a fertilidade de um touro fizeram de Ápis o símbolo adequado para o faraó. Ápis era a única deidade egípcia representada como um animal completo, nunca mostrado com uma cabeça humana.

Na Índia, a vaca é reverenciada por seu cuidado maternal.

O elemento Terra, relacionado ao signo, é associado à riqueza e a posses, e, portanto, um apetite excessivo pelas riquezas terrenas pode nos levar à ganância e à indulgência.

Gêmeos
Planeta Regente Mercúrio

A energia de Mercúrio é de mudanças, trocas, negociações, variedades, comunicação e dualidade e está relacionada à cor amarela e o dia da semana correspondente é a quarta-feira. À primeira vista a energia de Mercúrio pode parecer confusa, pois muda constantemente.

Para os assírios e babilônios, Nabu era o deus da sabedoria, do conhecimento e da escrita. Ele também cuidava do futuro da humanidade. Nabu era associado ao planeta Mercúrio, que foi nomeado a partir do deus romano do mesmo nome, patrono da comunicação.

Na época greco-romana, a constelação de Gêmeos era uma imagem celestial dos gêmeos Castor e Pólux, que representam a imagem unificadora do amor fraterno.

O geminiano herda atributos mercurianos relacionados à curiosidade e ao desejo de conhecimento do mundo que o cerca. Dessa forma, os geminianos são essencialmente intelectuais e requerem um constante estímulo mental. Pensadores, palestrantes, leitores e escritores, essas pessoas precisam estar envolvidas na aquisição e comunicação do conhecimento.

Astrologicamente tem também estreita relação com a figura de irmãos.

Na fisiologia ocidental pré-moderna, o elemento Ar era representado pelo sangue (*sanguis*, em latim). A predominância de ar manifesta-se em um temperamento sanguíneo, animado, vigoroso, e até como o vento, indisciplinado.

Câncer

Planeta regente Lua

As energias da Lua incluem a família, a paz, o sono, a cura, a capacidade psíquica, a purificação, a fertilidade, o conforto e a proteção. Está ligada ao elemento Água e às cores branca e prateada.

Segunda-feira é o dia da Lua, excelente para feitiços e rituais envolvendo família, lar e assuntos cotidianos.

O grupo de pálidas estrelas que formam a constelação de Câncer foi associado aos crustáceos desde os babilônios do segundo milênio a.C., quando seu nome era Al.lul ("a lagosta").

Nanna era o deus babilônio da Lua e o chefe do panteão. Na Europa, passou por uma troca de sexo mitológica: sendo atribuída a uma deusa feminina Ártemis (Grécia) ou Diana (Roma). Foi aí que ganhou as características de Câncer.

Diversas etimologias atribuem-lhe o significado de "medida".

As divindades lunares eram representadas por animais: Hécate (o cão tricéfalo), Ártemis (urso), Cibele (leoa), Isis (vaca) e chamada de Mãe do Universo.

Os fenícios e os judeus consideram a deusa Astarte. Outras deidades femininas: Geia, Reia, Deméter.

Hécate é a deusa da trindade Lua, que corresponde aos poderes mágicos, alquímicos e misteriosos do astro noturno. Todas as magas, bruxas e feiticeiros de todos os tempos invocam-na e apelam para seus poderes secretos e, quando realizam seus rituais, obedecem ao ciclo presidido por Hécate, sempre na Lua Minguante e na Lua Nova, os dois ciclos de luz bruxuleante, os mais propícios a todos os encantamentos.

Leão
Planeta regente Sol

As energias do Sol incluem carisma, orgulho, talento, autoconfiança e criatividade. A energia do Sol é adequada para os rituais de cura. O Sol está ligado ao elemento Fogo e à cor dourada.

O domingo pertence ao Sol, dia esse que favorece o aumento da força pessoal e espiritual do leonino, assim como é indicado para pedir proteção e para entrar em contato com a espiritualidade.

O deus-sol babilônio, Shamasch, era o patrono das leis. Sua luz trazia à tona a verdade – e acabava com as injustiças. Caracteriza-se assim com o Sol pela luz e clareza de julgamento.

O Sol está relacionado a Deus e à criação. É considerado o centro do homem, sendo a circunferência e seu ponto central, a fonte e expressão da simbologia divina que emana energia na esfera que o envolve.

Na Pérsia, o mitraísmo considerava o Sol luz e sempre foi colocado acima da Lua. Nas cosmogonias hindus, o Sol é colocado no centro do céu.

Para os incas, o rei era filho do Sol. No império romano, o deus solar tornou-se o oficial protetor do Império Romano.

Na era cristã, o Sol não foi de todo suprimido, mas transformado para um plano mais simbólico. Tornou-se a Luz. A crença no Sol e no Sol-Cristo evoluiu numa espécie de metafísica da Luz (luminosidade que cria o *'noumem'*, o numinoso, a força irradiante considerada a 'Alma do Mundo', a força criadora primordial).

O ideograma do Sol é o símbolo mais sagrado da antiga linguagem com a qual procuravam gravar os seus conhecimentos básicos do processo cósmico da criação. O círculo, o zero, o absoluto que antecede a manifestação. O ponto central se relaciona com o Deus único. Todo humano traz em si um *'sol invisibilis'*, ou seja, a 'imago Dei'.

O Sol astrológico determina o impulso criativo e a realização no mundo exterior, uma vez que representa os ideais do Eu.

Na psicologia profunda, o Sol exprime o Eu, a autoridade no sentido simbólico por intermédio do símbolo do Sol. A imagem (*animus*) masculina inconsciente, a 'imago pater'.

Virgem
Planeta regente Mercúrio

As energias de Mercúrio incluem cura, clareza mental, trabalho bem feito e concentração. A energia do planeta favorece a mente consciente, os estudos, os detalhes, a hierarquia, a saúde, a higiene, a adivinhação e a sabedoria. Está ligado ao elemento Terra e às cores verde e marrom e o dia da semana corresponde é a quarta-feira.

A conexão de Virgem com o trigo e o milho data de tempos babilônicos, quando o compêndio de astrologia *Mul.apin* (1000 a.C. e 686 a.C.) a chamava de Sulco, e a deusa Shala era representada com um ramo de cereais ou espiga de milho.

Mistura atributos de Nabu, deus babilônio da sabedoria, e do grego Hermes, o patrono dos viajantes, artesãos e criadores (chamado pelos romanos de <u>Mercúrio</u>).

Hermes era o deus da eloquência e da arte de bem falar, o embaixador dos deuses do Olimpo, a ele era outorgada a assistência dos tratados de alianças que envolviam cidades e povos.

Considerado o mais ocupado dos deuses, cabia a ele, dia e noite, vigiar incessantemente.

O nome da estrela mais brilhante de Virgem, em latim *Spica*, significa "espiga", daí decorrer a associação da constelação com a fertilidade.

Os gregos e os romanos mantiveram as mesmas associações com novos nomes. A deusa do trigo era Deméter-Céres. Por vezes, era identificada como a deusa virgem *Justitia*, tendo na mão a balança da justiça da constelação seguinte, Libra.

Na sociedade cristã medieval, Virgem passou a ser associado à Virgem Maria.

Na fisiologia ocidental pré-moderna, o elemento Terra era representado pela melancolia, literalmente "bile negra". Seu excesso manifesta-se como um temperamento melancólico – triste, desanimado.

Libra
Planeta regente Vênus

As energias de Vênus incluem harmonia, reconciliação, cooperação, amor, atividades sociais, justiça e o caminhar em perfeito equilíbrio. O planeta está ligado ao elemento Ar e às cores azul-pálido e cor-de-rosa.

O dia da semana dedicado a Vênus é sexta-feira.

Vênus deriva de Ishtar, a deusa babilônia do amor. Foi, na Grécia, assimilada à Afrodite que não podia por vontade de Zeus amar os deuses, por isso, às escondidas, ela procurava os homens mortais. Em Chipre, vestiu-se suntuosamente e no monte Ida seduziu Anquises sem revelar sua natureza divina. O amor entre os dois foi cálido e Afrodite tornou-se mais luminosa e bela diante do amante.

Um coração puro e bondoso, sinal de alma valorosa, tem sido o foco da justiça cósmica desde os antigos egípcios. Toth, o escriba dos deuses, pesava o coração de um falecido em relação à pluma de Maat, a deusa que personificava a justiça e a verdade.

Se a alma estivesse pesada de pecado, inclinaria a balança e seria destruída. Maat era considerada o princípio fundamental do cosmos, sem ela, o universo mergulharia no caos.

Na tradição cristã, a Balança é associada à justiça divina.

Representando o ponto médio do zodíaco, a balança simboliza a compreensão equilibrada que coloca as coisas em perspectiva e possibilita uma abordagem adequada.

Vênus rege novamente em Libra, mas diferente do que acontece em Touro. É um signo centrado na tranquilidade e responsabilidade nos relacionamentos, consciente de que as relações ficam mais fortes e estáveis quando reconciliamos as diferenças, em vez de deixar que atrapalhem.

Uma vez que o desejo de Libra de oferecer segurança e estabilidade se aplica tanto a si mesmo quanto aos outros, isso levanta a questão de como os librianos lidam com a incerteza e os inevitáveis desafios e ameaças que todos enfrentamos em algum momento da vida.

Escorpião
Planeta regente Plutão

O planeta recebe o nome de Plutão por estar muito longe do Sol, isto é, imerso em perpétua escuridão e também em virtude das letras PL serem as inicias de seu descobridor Percival Lowel.

Os adoradores de Plutão realizavam cultos nos cemitérios em noite sem luar; invocava-se o deus para promover vinganças e imprecar maldições. Conta-se que ele enviava sábios conselhos por meio dos sonhos, além de favorecer a fertilidade dos campos.

Hades na Grécia e Plutão em Roma era o deus mitológico que reinava no mundo inferior, no país dos mortos, reino das sombras e dos importantes julgamentos a que todas as almas eram submetidas.

Após a morte, as almas eram conduzidas por Hermes/Mercúrio para serem julgadas por esse deus sombrio que, dentro da escuridão do seu tribunal, silencioso, julgava todos os atos e pensamentos daqueles que, inexoravelmente, chegavam à sua presença.

As energias de Plutão são: transformação, paixão, perseverança, dissimulação, intuição, aumento de poderes psíquicos; favorece rompimento e força de vontade. O planeta regendo Escorpião está ligado ao elemento Água e às cores vinho e preta sendo terça-feira o dia correspondente à sua regência.

Escorpião é caracterizado por todas as coisas que sugerem desejo, paixão e transformação.

Com essas poderosas influências, escorpianos conquistam seus objetivos, concentrando uma intensa ação fixa no ponto onde ela será mais eficaz.

Dessa forma, sua força se torna irresistível e é impossível aos outros negarem-lhe seus desejos.

Sagitário
Planeta regente Júpiter

As energias de Júpiter são de sabedoria, inspiração, viagens longas, profecia, prosperidade, voos de imaginação, aventura, clareza, expansão e crescimento pessoal. O planeta regendo Sagitário está ligado ao elemento Fogo e à cor azul-celeste associado no espírito do homem a uma ideia de elevação, de esferas inatingíveis, considerada a cor da sabedoria divina e o dia da semana corresponde é a quinta-feira.

Na antiga Babilônia, o planeta era identificado como o deus Marduk – senhor supremo da Mesopotâmia. Em Roma, como Júpiter, o deus supremo do céu. O templo de Jupiter Optimus Maximus (Júpiter, o grande e o maior) no monte Capitolino era o maior de Roma, e o deus era reverenciado ali como fonte de grandeza imperial da cidade, responsável pela prosperidade e pelas vitórias.

Quando juramos "por Deus todo-poderoso" em um tribunal, estamos seguindo uma tradição que remonta à prática romana de jurar "por Jove" (outro nome do deus). Os martelos dos juízes relembram aquele que Júpiter brandia, em meio a raios e trovões, ao comunicar seu julgamento.

Na Índia védica, Júpiter era associado à Indra, o regente supremo de todos os deuses e senhor da guerra, do trovão e das tempestades. Era o maior dos guerreiros, com seu *vajra* (raio) celestial. Os hindus chamavam esse planeta de Guru, ou mestre, e dizem que a maior lição de vida é ter uma oportunidade de aprender como mantê-lo sob controle. Os oráculos a Zeus, em Dodona e na Beócia, eram muito importantes. O carvalho lhe era consagrado.

O planeta representa a ampliação, a abrangência, o desabrochamento, o crescimento físico ou psíquico, a dilatação.

Também representa o direito, as leis, as regras, o culto, a fé, a justiça, a ordem e o conhecimento. O planeta simboliza a capacidade do organismo, ou do espírito de se expandir para além dos seus limites, por meio de viagem, de estudos, da fé e da justiça.

Exprime qualidades como a sabedoria, a tolerância, a jovialidade, a nobreza, o otimismo, a generosidade, o altruísmo, os dons pedagógicos, o senso de justiça. Seus vícios são a leviandade, a ostentação, a presunção ao exagero, a megalomania, a excessiva indulgência.

É a personificação do mestre, do guru, do juiz, do conselheiro, do banqueiro, do sacerdote, do grande negociante, do mecenas, do amigo generoso, do embaixador, dos grandes esportistas.

Data da Babilônia a imagem de Sagitário como um centauro (animal com tronco de homem e corpo de cavalo) chamado *Pavilsag*, porém esse era representado com asas e cauda de escorpião. As partes animal e humana sugerem o conflito entre os apetites instintivos e o comportamento espiritualizado.

Na mitologia grega, a maioria dos centauros era associada à licenciosidade sexual e à violência, mas alguns eram sábios, cordiais e civilizados, especialmente Quíron, perito em caça, artes da guerra, música, poesia e curas. Tutor de diversos heróis gregos, incluindo Aquiles; Quíron tornou-se a constelação de Sagitário depois de sua morte.

Capricórnio
Planeta regente Saturno

As energias de Saturno consistem em determinação, persistência, praticidade e vontade de atingir o sucesso. O planeta favorece a longevidade, as tradições, as responsabilidades e os deveres. Rege o sábado.

Saturno está ligado ao elemento Terra e às cores azul-escuro e preta.

O signo teria sido originário da Suméria, onde a cabra-peixe era o símbolo do deus criador Ea. No mito greco-egípcio, a cabra--peixe representa o deus Pã que, na forma de cabra, fugiu de um monstro para dentro do Nilo.

Capricórnio: na antiga Babilônia, era identificado como o deus Ninurta, cujo nome significa "senhor da terra"; era o deus das chuvas, da fertilidade e (como Saturno) da agricultura. O Saturno romano era um antigo deus da agricultura (por isso carrega a foice) que passou a ser identificado com o deus grego Kronos (ou Cronos), regente dos céus destronado por seu filho Zeus.

Seu papel como representação do Tempo surgiu da associação com a palavra grega *chronos*, que significa "tempo".

O elemento Terra representa a matéria. Na natureza, é o recurso primário a partir do qual grande parte do nosso mundo material deriva – do alimento aos metais – e o local que acolhe as formas de vida depois da morte.

O planeta é dedicado à estrutura, à disciplina bem como às estruturas físicas das quais dependem corpos e edifícios.

O jovem sob a influência saturnina não pode controlar demais suas ações e atitudes sob o risco de bloquear a criatividade e ficar inoperante.

O deus era honrado nas proximidades do solstício de inverno, período em que papéis de senhor e escravo se invertiam.

Isso nos faz reforçar que o jovem deve "afrouxar" e ser menos exigente consigo mesmo. Certas etiquetas devem ser abandonadas.

Aquário
Planeta regente Urano

O elemento de Urano é o Ar e suas energias são mudança, rebeldia e anseio pela liberdade. Favorece o rompimento de hábitos. Ligado à cor azul-cobalto e o dia da semana correspondente é a quarta-feira.

Urano era o pai de Saturno, assim como Saturno era o pai de Júpiter. O deus era a força criativa essencial por trás do amor, da vingança e do crescimento da vegetação.

Urano casado com Gea, a mãe Terra, toda noite se deitava com ela e assim concebia filhos ininterruptamente. Porém insatisfeito com eles o deus não permitia que eles sobrevivessem e assim que nasciam mandava-os de volta ao útero da deusa, ou seja o centro da própria Terra.

Cheia de revolta Gea forjou uma foice e com ajuda de seu filho Saturno deceparam o membro fecundante que foi lançado no mar gerando Afrodite/Vênus.

Urano incita a desafiar as autoridades, tem a tarefa de ruptura, de descobrir mais, aprender mais, tornar-se mais inventivo. É um raio que ilumina tudo por onde passa. Urano causa inquietação, agitação, presteza para mudar, influências surpreendentemente imprevisíveis. Algo se perde, mas se conquista a liberdade.

O planeta incita o jovem a gostar de aprender novas habilidades e a usá-las para criar formas inovadoras de resolver os problemas. Tem momentos de explosão de energia seguidos de pausas entre as atividades.

Sob a influência do planeta o jovem é considerado diferente, progressista, radical e independente. O planeta Urano rege o imprevisto e tudo que nos deixa pasmos sempre nos pegando de surpresa.

Considerado o símbolo máximo de liberdade e originalidade o que inspira o aquariano a ser um modelo único e irrepetível. Ninguém, no Universo, foi, é e será igual ao nativo.

Prefere lidar com informações abstratas e usar sua capacidade de dedução. Toma decisão com um "sexto sentido".

Peixes

Planeta regente Netuno

As energias de Netuno são intuição, imaginação, empatia, sonhos, impressões psíquicas, misticismo e emoções. Está ligado ao elemento Água e às cores turquesa e verde e o dia da semana correspondente é a sexta-feira. Favorece atividades espirituais e filantrópicas.

Regido por Netuno, deus romano dos mares e dos rios. Netuno era o deus dos mares e oceanos, senhor das ninfas e fontes, que cavalgava as ondas do mar em cima de cavalos brancos.

Portava um tridente o qual era usado para agitar as águas dos mares formando as ondas e também promovendo tempestades.

Como habitante do mar, não era representado com vestes suntuosas, apenas com uma cobertura na região pélvica. Sua representação pictórica era um ser alto, forte e com expressão facial fechada.

Netuno transforma a personalidade do pisciniano concedendo-lhe um suave poder e um secreto magnetismo que envolvem as pessoas. Encanto não é questão de beleza física exterior, é uma fórmula secreta que faz parte do arsenal misterioso de Netuno. Seu potencial de sedução não é ameaçador, mas mesclado com uma aura de fragilidade e insegurança.

Dessa forma o jovem reúne carisma pessoal, talvez um tanto de timidez e uma certa dose de humildade. O nativo de

Peixes sabe como ninguém manejar a mais invencível das armas – o encantamento.

Ainda impulsionado por seu regente Netuno, o pisciniano cultiva a empatia, que significa sentir com o outro, estar "dentro do outro", em sintonia e na mesma faixa vibratória. Trata-se de uma ligação sutil e ao mesmo tempo profunda quando a alma vislumbra e compreende o que se passa com o próximo.

Na fisiologia ocidental pré-moderna, a água era representada pela fleuma, e as pessoas com predominância desse elemento eram chamadas "fleumáticas".

Na Ayurveda, a água desempenha um papel-chave no sangue e em outros fluidos corporais internos.

O QUE TODO JOVEM DE ÁRIES PRECISA SABER SOBRE SEU REGENTE MARTE

MARTE
O planeta do guerreiro

A influência do planeta na vida do jovem ariano

Jovens nascidos no signo de Áries têm como planeta regente MARTE o qual lhes confere importantes atributos.

Conhecer o significado e as características astrológicas de seu planeta ajuda a entender mais precisamente como você se insere no Universo e quais forças planetárias estão atuando sobre sua vida.

> *Senso afinado do próprio Eu.*
>
> *Busca de conquistas.*
>
> *A vida como um desafio constante.*

O que inspira a Astrologia são as características atribuídas ao planeta, que você herda quando nasce sob o signo de Áries.

A maioria dos textos e manuais sobre astrologia faz referências ao signo propriamente dito, e pouco se comenta sobre a relevância do planeta regente.

Inicie sua viagem planetária e se conecte com tais energias cósmicas que estão em estreita vinculação com sua personalidade e com seu modo de encarar a vida.

O símbolo de Marte mostra a flecha direcionada para o alto, numa demonstração de força bruta instigante.

Conceituação geral
O planeta vermelho

O planeta vermelho recebeu esse nome em virtude de suas pedras e seu pó conterem grandes quantidades da substância óxido de ferro – a nossa conhecida ferrugem.

Marte foi o antigo regente de Escorpião – o signo da morte, da destruição e da regeneração – antes da descoberta de Plutão.

Na mitologia, o planeta é associado à guerra, sobretudo em função de sua cor avermelhada.

Foi objeto de honras e adoração na Antiguidade, quando a maior glória era concedida aos heróis e guerreiros.

Devido à cor vermelha, tem o nome de deus romano da guerra. Os astrólogos associaram a cor ao sangue. Já os egípcios o chamavam de "O Vermelho". Na Ásia, Marte era "Estrela de Fogo". Na Mesopotâmia, era associado a Nergal, o deus regente dos incêndios florestais, febres e pragas. Teve um caso amoroso com Ereskigal, a quem desposou.

Marte foi caracterizado no panteão religioso greco-romano por sua fúria e combatividade.

Os filhos de Marte, Rômulo e Remo, teriam sido os fundadores de Roma. Marte foi reverenciado em Roma como seu lutador e defensor, precedido apenas por Júpiter.

No mês de março (dedicado a Marte e cujo nome deriva do mesmo) realizavam-se festas de caráter belicoso, com lutas e sacrifícios ao deus.

Em virtude do planeta Marte ser observado como tendo coloração avermelhada e possuir em seu solo óxido de ferro esses atributos foram associados ao signo de Áries.

Desse contexto, o jovem marciano pode estabelecer várias conclusões básicas da Astrologia e que se inserem em sua vida, tais como: seu gosto pela cor vermelha; sua admiração por armas; a apreciação de filmes sobre lutas, batalhas e guerras; o desejo de possuir carros possantes etc.

Quanto ao desejo impulsivo pelas honras e glórias, na verdade, isso a Astrologia traduz que o ariano sempre quer ser o líder e o primeiro em tudo.

Desde a antiga Mesopotâmia o planeta era associado às febres, e não é que a Astrologia informa que o ariano é mais propenso a inflamações e febre!

O planeta tem regência sobre as armas, os acidentes, as inflamações, os cortes, os ferimentos e as queimaduras.

Seu representante mitológico é o carneiro voador com lã de ouro enviado por Zeus para salvar Hele e Frixo (filhos do rei da Beócia) de sua cruel madrasta.

Os canais e o mito dos marcianos
Ficção

Os estudos feitos por Giovanni Shiaparelli sobre Marte, em 1877, usavam o termo "canali" querendo dizer canais, que podiam ser canais naturais.

Algumas pessoas entenderam que Giovanni usou o termo para expressar "canais feitos por alguma forma avançada de vida", como nós, na Terra.

Percival Lowell acrescentou à ideia original a sugestão de que marcianos haviam construído canais para trazer água das crostas de gelo para manter suas colheitas, já que outras áreas de Marte mudavam de cor com as estações.

O mito dos marcianos começou, e H. G. Wells escreveu sobre a invasão que fariam na Terra, em *Guerra dos Mundos* (1898), livro popular até hoje e adaptado ao cinema.

Hoje se sabe que os canais foram imaginados, ou talvez córregos que já secaram, e que as mudanças na coloração são, provavelmente, tempestades de areia.

Há 4500 anos, astrônomos do Egito Antigo observam Marte.
Há 3000 anos, os babilônios chamavam Marte de Nergal, a "Estrela da Morte".
Tempo de rotação no próprio eixo (dia de Marte): 24,62 horas da Terra.
Tempo de uma órbita (ano de Marte): 686,9 dias da Terra.

Conceituação astrológica
Dignidades e debilidades planetárias

Na Astrologia, o planeta Marte nos dá indícios da forma com que agimos, se nossa ação é lenta, rápida, ou a contornamos.

O planeta leva o jovem a agir, a atacar e até destruir (às vezes, pelo prazer da adrenalina) ou desperta nele a decisão guerreira levando-o a defender e manter a salvo outras pessoas.

Entender essas noções astrológicas é importante para poder até se relacionar melhor com pessoas de outros signos.

A energia do planeta Marte nos outros signos sofre sensível ação e pode ser desfigurada, diminuída ou alterada, mas também ser mais bem aproveitada ou direcionada.

A Astrologia fornece terminações próprias referindo-se à ação de Marte em outros signos que são "exílio", "queda", "exaltação".

Exilado em Libra: isso significa que em Libra o seu Eu tem papel secundário. Libra é signo de diplomacia, harmonia, cooperação, sociabilidade e Marte é espírito de luta e agressividade, o que se contrapõem um ao outro.

Em virtude desse "exílio astrológico" no signo de Libra, os librianos tendem a serem mais ponderados e racionais no que se refere às suas ações.

Com essa falta imputada por Marte na personalidade ariana eles tendem a se associar em busca de proteção, defesa e relacionamentos, uma vez que dificilmente conseguem viver sozinhos.

Portanto, se alguém de Libra se aproximar de você seja compreensivo, mas o mais importante de sua missão seria mostrar para essa pessoa o valor da coragem, da decisão, do arrojo, da sua própria personalidade e que não pode ficar estritamente ligada à dependência do outro.

Exilado em Touro: tendo em consideração o planeta da ação se encontrar sob o influxo da fixidez, da passividade e do temor da mudança que não combinam com o arquétipo de Marte.

O destemor, a capacidade de "se revolucionar", o ímpeto pela aventura e para sair da zona de conforto ficam prejudicados ao nativo de Touro.

Cabe a você jovem de Áries ser instrumento e modelo para o(a) taurino(a) aprenderem como sair dessa zona tão estável e arriscar um pouco mais. Ensinar a taurinos(as) que existe um mundo lá fora pronto para a ação e esperando a colaboração mais ativa de cada um.

Queda em Câncer: nesse signo a influência do planeta diminui diante do desejo de proteção e de segurança. Pode ser visto como agressão no âmbito familiar.

Por estar em queda nesse signo, pessoas de Câncer tendem a ser mais domésticas e ligadas aos laços familiares.

Assim, o jovem nascido em Áries, sob a regência e influência marciana deve mostrar a(ao) canceriana(o) que certas ligações são importantes, mas é preciso que vivam sua vida e não permaneçam sob as asas da família.

Exaltação em Capricórnio: nesse signo o desejo de poder e posse material ficam enfatizados. Mais firme, sólido e construtivo em vez de desperdiçar energia. Sente-se bem com o trabalho e a ambição. Exaltação máxima a 28 graus de Capricórnio, de acordo com a tradição astrológica.

Aqui fica uma questão séria a ser apreciada pelo jovem sob a batuta de Marte, que deve aprender a não dissipar suas energias de forma incoerente. Capricórnio sabe utilizar produtivamente suas energias sem esbanjá-las visando o seu progresso e ao mesmo tempo procurando se inserir na sociedade de uma forma produtiva.

Nesse caso, talvez o exemplo parta de Capricórnio no que se refere à perseverança, dedicação e estabilidade, aspectos um tanto prejudicados no jovem ariano.

Em Capricórnio, a energia de Marte assimilada à de Saturno e se transforma em perseverança e persistência, pois se acha lastreada na Terra que impõe determinação. Aqui a energia é direcionada para atingir objetivos concretos.

O signo é orientado para o desejo de poder, com ênfase na posse material.

A luta agora é para vencer os obstáculos para que o imaginado se torne real, material, palpável e que todos possam apreciar as grandes realizações.

A energia marciana derrota o desânimo, a falta de coragem para alcançar o topo da montanha.

Aqui o indicado é ter empenho e desempenho; concentração no que se dispuser a atingir com excelência.

Exaltado em Escorpião: antes da descoberta de Plutão, Marte governava o signo escorpiano. Aqui a energia estaria mais concentrada e determinada, levando até o fim o seu propósito.

Nesse signo, Marte tem um grande desafio à frente – vencer o invencível: a morte. Em Escorpião proliferam dois princípios que se conjugam com o signo, que são os planetas Plutão e Urano (grandes transformadores).

> *Entre paixões e conflitos. Ações audaciosas, capacidade de ação inovadora.*
>
> *Ser sempre o primeiro em tudo.*

Aqui se associa ao arrojado e ao destemido que o levam a enfrentar a morte como significado último de vida renascida.

A exaltação em Escorpião inspira a morrer e a renascer completamente, renovado em forças e coragem já que enfrenta o mais temido dos 'inimigos': a morte.

Principalmente quem passa pela experiência do coma, de quase morte, retorna revigorado, completado, renascido e com um novo olhar para uma nova vida.

Espiritualmente desperto de algo além do imaginável, uma coragem indefinida e sem palavras...

Marte inspira o sentimento de raiva que leva à agressão, exteriorizando uma energia devastadora.

Parte rápida e diretamente para o ataque sem reflexão, sem medir as consequências.

Regente esotérico de Áries, o planeta Mercúrio: tem estreita ligação com a cabeça e os impulsos motores despertos pelo cérebro. Mercúrio faz análise de uma situação particular, a qual pode direcionar sua energia orientando as ações.

Para entender essa questão de que Mercúrio atua em nível muito mais elevado sobre o signo e consequentemente sobre o nativo de Áries é que o ariano age sem pensar, sem refletir nas consequências dado sua impulsividade.

A perspectiva do regente esotérico significa que arianos devem ser mais prudentes, usar mais o cérebro e não seguir simplesmente seus instintivos agressivos.

A grande motivação do jovem ariano
Vencer desafios

Como seu homônimo mitológico, Marte é associado à agressão, à paixão e ao conflito. Tem conotações com trabalho mecânico, habilidades físicas, fogo etc.

Nesse sentido, é natural que o jovem possua inúmeras habilidades físicas e inclusive alguma propensão para trabalhar na área de mecânica.

Também é associado à espontaneidade, à impulsividade e à ambição. Um atributo marciano é a espontaneidade do jovem, que faz parte do seu modo de agir e ser.

O planeta Marte confere ao nativo inúmeros atributos de relevante importância como: iniciativa, coragem e disposição para vencer desafios.

Dessa maneira, o ariano herda essas características tradicionais atribuídas ao planeta e que muitas vezes são seus parâmetros de vida.

Cada um de nós traz 'um Marte' que nos confere verdadeiro princípio primordial de vida.

Marte é nossa arma, necessita de perigo e aventura e busca-os onde eles estiverem.

É Marte que confere poderio pessoal para atingir as metas a que nos propomos atingir.

É o princípio do 'eu ativo' e governa as ações que realizamos para expressar as necessidades do Sol.

Marte é portador de uma carga energética potencial que acionada proporciona ao ariano o ânimo, a motivação, a coragem, a disposição para viver e manter-se em plena ação participativa e vibrante. Trata-se essencialmente da força e da capacidade de ação.

A mensagem do arquétipo planetário é: use sua força, mas com sabedoria e não simplesmente dissipando improdutivamente suas energias sejam físicas, intelectuais ou psíquicas.

A ação agressiva que Marte impõe pode ser positiva quando a dirigir para atingir mais independência e disciplina, quando a empregar contra ataques predatórios ou quando a impulsionar para se desenvolver como ser humano.

A força cósmica que o planeta lhe ofertou no seu nascimento é tanto criadora como destruidora e esse fator deve sempre ser levado em conta em suas ações.

Você, sob a ação marciana, precisa se exprimir neste mundo por meio de suas ações, notadamente as físicas ou das quais são derivadas ideias inovadoras para a humanidade.

Marte concede a força ao jovem para tomar posse do mundo, a afirmação do seu Eu, o ardor e o motor que transforma as ideias em ações.

A afirmação do Eu
A individualidade diferenciada

A alegria de vivenciar Marte não está unicamente em atingir os seus objetivos, mas no seu constante estado de se tornar uma individualidade com características diferenciadas em cada ser humano.

A energia está em constante mudança e precisa ser canalizada para uma direção em que se acredite que conduzirá à consecução de algum objetivo.

Marte impulsiona o jovem a agir, a afirmar sua personalidade, a defender tudo aquilo que é seu e a expressar os desejos do homem terreno.

O planeta é o símbolo do espírito humano empreendedor, enérgico e imbuído de ânimo e da energia pujante que conduz à paixão e à luta.

O planeta do deus da guerra é a motivação que faz com que as coisas aconteçam. Como energia física, pode ser aplicada em esportes ou em qualquer trabalho físico, ou ainda na busca do que se aspira. Como energia mental, pode ser utilizada na comunicação externa. Como energia emocional, atua na vida sexual, nos sentimentos e na autodefesa – como no trabalho profissional e na autossobrevivência material. Como energia espiritual, busca a elevação e a defesa de ideais.

Seja plenamente motivado pelo seu crescente entusiasmo e plena utilização de sua vitalidade. Sua habilidade física e a necessidade de competição levam-no à vitória.

Para que o jovem desenvolva um Marte saudável deve ser confiante e se tornar uma verdadeira individualidade.

Bênçãos celestes

O dom da vida

A grande bênção celeste do planeta no momento do nascimento é da vitalidade, do vigor e consequentemente a força muscular e a hemoglobina do sangue.

Esses importantes potenciais planetários fazem como que flua o dinamismo da própria vida. Sem Marte não teríamos a vida tal como ela é, em termos astrológicos.

O planeta Marte no mapa natal revela como cada um libera sua energia, que para ser positiva e bem aproveitada necessita ser bem direcionada.

É o planeta que nos diz sobre a nossa capacidade de ir à luta, ao campo de batalha diário e enfrentar os desafios do cotidiano.

No corpo humano, o planeta é associado ao sistema muscular, às gônadas, à adrenalina, aos órgãos sexuais e aos glóbulos vermelhos do sangue.

Comportamentos positivos e negativos
Da liderança à violência

São atribuídos ao planeta *comportamentos positivos* como: o poder da positividade, a decisão, o amor pela liberdade, a liderança, a defesa dos mais fracos, a audácia, a rapidez nas ações, a combatividade, a autoconfiança, o entusiasmo e a virilidade.

Por outro lado, temos os *comportamentos negativos* como: agressividade, imprudência, imprevidência, egoísmo, fomento à violência e à brutalidade, instinto destrutivo, rudez e turbulência.

O jovem nascido sob a égide de Marte deve valorizar positivamente o seu sentido de rapidez, luta, vitória, dinamismo, pioneirismo e força. E ficar atento aos instintos agressivos, à cólera, à ira, à violência e à impaciência.

A poder agressivo leva à prática de atos deploráveis e à autodestruição.

Deve lembrar que autoridade sem limites desencadeia revoltas com penosas consequências.

Sob a influência de Marte, o ariano tende à ação impetuosa, às atividades que envolvam sua ambição, ao antagonismo, e sabendo usar tal energia ela se torna altamente criadora. É preciso repelir a impaciência, e que as frustrações não sejam causa de desistência a seus inúmeros projetos de vida.

Na verdade, sejam quais forem seus defeitos, sua confiança tem um potencial que não deve ser relevado.

Sob o impulso de "tentar", o jovem responde afirmativamente a vencer os desafios quando os outros signos hesitariam.

A energia sexual
A força vital da vida

O planeta Marte governa o impulso sexual tanto dos homens como das mulheres. Dessa forma, o esperma ou semente simboliza a vida que é uma parte de nós, a qual é atribuída astrologicamente ao planeta. Ela não é conscientemente gerada por nenhum de nós – simplesmente a temos.

A força vital, seja a de dar à luz uma criança ou a de proporcionar o sêmen para lhe dar a vida, é simbolizada pelo deus hindu Shiva, o Senhor da Morte, da Destruição e da Regeneração. Ele executa a dança da vida e da morte, e enquanto baila, seu esperma jorra, mas a parte superior de seu corpo é feminina.

Nem todas as representações de Shiva incluem essa imagem – mas a sua é uma dança gloriosa de vida e de morte.

Simboliza a força, o impulso, o desejo de conquista, o entusiasmo, a liderança, a virilidade.

Marte proporciona a energia vital em nós, representa a força vital ativa, sexual e a libido.

Marte é a experiência sexual. Demonstra como amamos, com o que nosso impulso sexual se envolve.

Para o jovem ariano é muito importante a vivência da energia sexual que lhe confere valor, estima e um sentimento de poder.

Se levarmos em conta que o Sol necessita da Lua, Marte também precisa de uma companhia forte com a qual possa interagir a contento e positivamente.

> *Adrenalina efusiva. Impulsividade sexual. Enfrentamento das situações como batalhas a serem ganhas.*

Ação e reação
Controle da energia

De acordo com as leis da física, a cada ação corresponde uma ação igual e oposta. As energias da vida devem produzir ação ao longo dos canais certos, contanto que primeiro se pense para depois agir.

A energia de Marte necessita e implica o controle, pois toda ação causa um resultado. É melhor haver planejamento e organização em vez de impulsividade, já que sempre somos responsáveis por nossos atos, sejam eles em pensamento ou em termos concretos.

Como causa e efeito são pouco compreendidos, damos desculpas inúteis para encobrir nossa falta de controle ou, algo mais convincente ainda, encontramos uma saída culpando alguma coisa ou alguém, geralmente os deuses, o destino ou, no caso de quem realmente gosta de passar a bola adiante, o carma. Essa última desculpa é hoje um padrão de crença aceito por milhões de pessoas que nem sequer pensaram a respeito do conceito, que não sabem apreciar a verdadeira implicação daquilo em que dizem crer.

Todos os problemas são seus, você os provoca da mesma maneira que agora está aprendendo a provocar a ocorrência de coisas bem melhores. O pensamento é a causa. Pensar errado causa efeitos indesejáveis. Mude seu modo de pensar e certamente vai mudar sua vida para melhor. A chave para as energias de Marte: parar, pensar e depois agir de forma responsável.

A energia desperdiçada ou fora de controle em geral deve-se à falta de compreensão. Ela provoca a raiva, o uso indevido da força, o antagonismo e até mesmo a guerra.

Energia desafiante
Vencendo situações de risco

Marte é o impulso que leva a empreender a defesa dos menos fortes, o enfrentamento das situações de riscos. É o fogo originário que se acende a partir do interior e que faz o jovem se defender, se posicionar, atacar e vencer tudo o que o ameaça.

Para o ariano é considerado o motor que dá a partida, movimenta e acelera. A energia ariana é instintiva, leva à ação sem se preocupar com as consequências. É energia que leva ao risco, inclusive no que diz respeito à própria vida.

Marte complementa e realiza a tarefa que o Sol idealiza e cria o pensamento heroico – a ação em si como força para atuar é designada ao planeta vermelho.

Sob a convocação do Sol, Marte – o herói interno – de prontidão reage e age despertando para a luta e a vitória.

O planeta regente de Áries é o impulso, o movimento sem temor que leva a enfrentar, derrotar e vencer desafios.

Marte é energia motivadora interna que impulsiona para as contendas e ação realizadora.

Em estreita ação com Marte, o Sol ateia fogo à chama que o planeta carrega iniciando a *saga de um herói* – que é você!

A chama ilumina seu espírito sagrado que se ilumina ainda mais pela vitória.

À medida que souber reprogramar sua energia criadora, desaparecerá a cólera revelada pela energia anteriormente sem direção.

Quando deseja comandar seu navio (a vida) precisa assumir a inteira responsabilidade de lidar com suas energias de forma amadurecida.

Marte é a energia física, a agressividade, a violência, as atividades sexual e esportiva. Planeta de natureza fortemente masculina que traz energia, força e agressão.

O planeta impele a uma vida militar, ao enfrentamento de oposições e a lutas no domínio das ideias.

A visão de Marte é de ação, competitividade e dinamismo. Mesmo que não seja um verdadeiro campo de batalha, está sempre pronto para um desafio.

Valentões, esportistas e profissões de risco
Coragem e decisão

Aquele que está sempre metido numa briga, ou aprecia esse tipo de comportamento, apresenta uma tipologia marciana considerada negativa.

Dessa forma, tem prazer na fúria expressa pelos bofetões, golpes e consequentes desfechos arrasadores.

O planeta Marte fala-nos da natureza animal instintiva, o desejo e as energias sexuais.

Ainda numa tentativa de esboçar alguns tipos podemos mencionar os temerários, para os quais Marte no mapa de nascimento é bem destacado, que se defrontam com os riscos e desafios de maneira totalmente imprudente.

Deixam de atribuir respeito aos seus limites pessoais físicos, e muito menos aos limites gerais dos outros. Como bandeira, ostentam a coragem para se tornarem inconsequentes diante dos fatos que possam protagonizar.

Devastadoramente apreciam os riscos movidos pela dosagem excessiva de adrenalina.

Responsabilizados pela cólera, violência e até mesmo pela guerra – princípio que reflete um poderoso potencial energético.

Marte beneficia o jovem, que denota excelência nas áreas esportivas, na dança e nas descobertas aventureiras.

Temos as profissões consideradas marcianas, com destaque para bombeiros, militares, policiais, salva-vidas que podem ser considerados heróis diante de seus feitos corajosos.

Para o jovem ariano se recomendam atividades profissionais que ensejam senso de aventura, de certo "heroísmo", que possam levar a verdadeiras vitórias dentro de seu campo de atuação.

Podemos ainda incluir o tipo esportista que se dedica aos esportes de risco. São arianos ou não que ousam escolher modalidades esportivas vencendo as barreiras dos limites humanos, aproximando-se a quase semideuses pelo povo altamente identificado com tais figuras de natureza incutidas em fascínio mítico. É o esportista que vive na corda bamba, nos limites entre a vida e o perigo de morte que o espreita avidamente.

Concede o *status* de lutador magnânimo de rápidas ações.

Pode agir com violência destrutiva e força bruta transformando-se no tipo inferior dominado pelo instinto cego.

Sob a influência de Marte, o jovem ariano se mostra destemido, com forte egotismo e o desejo de ser sempre o primeiro, o vencedor.

Motivador e conquistador
O desejo que impulsiona

Marte para o ariano representa um desejo de movimentação, um senso de urgência, vontade de liderar e de tomar iniciativa.

Marte é o que o faz agir, afirmar a personalidade, defender o que é seu, a expressão dos desejos, a vitalidade.

Marte tem dificuldade de tolerar a lentidão dos outros, e esse é um aspecto que o jovem ariano tem que considerar diante de pessoas menos ativas, que não têm tanta pressa.

Também são defensores diante dos que sofrem injustiças, em virtude de sua ação ousada e queda por lutas. Por querer se transformar em salvador (herói), o jovem ariano se transforma no defensor das injustiças.

O planeta é o princípio ativo que rege sua forma de agir no trabalho, de atuar socialmente e de despertar qualquer energia que projete no Universo.

O ariano deve ter cautela no manuseio de instrumentos pontiagudos e cortantes, notadamente os metálicos, e evitar excessos no desejo amplo de aventuras perigosas.

Marte representa energia – seja física, mental, emocional ou espiritual –, que pode ser aplicada de forma construtiva ou não. Marte é o desejo que impulsiona a buscar algo, e a maneira de usar essa ação é que vai tornar sua energia positiva ou negativa, afirmativa ou hostil, empreendedora ou traumática, conquistadora ou predatória.

O jovem ariano é fonte de tremendo poder e energia, e se tornam possíveis líderes, empresários e aventureiros. Para um profissional cirúrgico essa atividade pode ser o escoadouro natural da energia de Marte.

Dessa forma, o planeta simboliza conquista, sexo, raiva, agressão. Sem Marte não se pode tomar decisão, não existe impulso, só resta inércia ou paralisia total.

Trata-se do fogo-centelha que dispara todos os inícios e aciona o próprio Zodíaco; a cabeça do carneiro que puxa e empurra os outros signos, fazendo com que entrem em movimento.

O jovem em conexão planetária com Marte precisa assumir projetos que o estimulam a se defrontar com os desafios, isso inclui esportes.

É preciso que tenha controle sobre sua impaciência e seu tédio para bem exercitar certas atividades.

O jovem sob a perspectiva de Marte pode ser apto a realizar e a conquistar qualquer desejo ou plano.

Quando se lançam sermões aos nativos referindo-se à obrigatoriedade da responsabilidade, normalmente serão ignorados ou recebidos de mau grado.

Enfoque geral de Marte
Um líder natural

Marte é energia dinâmica, entusiasmo e resolução – esse importante conjunto deve pautar o caminho do ariano.

Vivenciando seu crescente entusiasmo, esbanja fagulhas que o leva a procurar novos horizontes.

O planeta, como vimos, governa a expressão pessoal e a força física; representa ação e induz o ariano a se arriscar.

A imagem principal do planeta é a FORÇA – isto é, empurrar, forçar para a ação.

Sob a ação desse planeta, o nativo encontra uma necessidade de liderar, sobreviver e limpar todos os obstáculos.

Sob o influxo marciano, o jovem não aprecia uma vida monótona e nem pessoas que apresentam essa característica.

O jovem tende a ser assertivo e independente, o que o torna um líder natural.

Seu lema: *"Quem não arrisca não petisca"*.

CORRESPONDÊNCIA PLANETÁRIA	
ODOR	Pungente, forte, adstringente, ácido.
FORMA	Ângulos fechados e linhas pontiagudas, finas, retas.
COR	Vermelho, escarlate, carmim, vinho.
MÚSICA	Nota Sol.
MINERAL	Ferro, diamante, jaspe, rubi.
CORPO HUMANO	Testa, nariz, órgão sexual, músculos, o sistema muscular de forma geral, cabeça, hemácias.
OCUPAÇÕES	Soldado, militar, químico, atirador, açougueiro, ferreiro, barbeiro, cozinheiro industrial; lutadores, esportistas, trabalhadores que usam instrumentos afiados, ferro, aço ou fogo.
OCORRÊNCIAS	Febres, dores agudas, queimaduras, processos inflamatórios, feridas, queimaduras, lesões causadas por objetos cortantes, mordeduras venenosas, perdas de sangue, discussões, bravura, coragem, aventuras, veneno, incêndios, ferimentos por violência (fogo ou aço), paixões, morte, inimizades.
IMAGEM	Um poderoso guerreiro em seu carro.
ARCANJO	Samael
CORO	Serafim, Serpentes de Fogo.
VIRTUDE	Energia e coragem.

O QUE TODO JOVEM DE TOURO PRECISA SABER SOBRE SEU REGENTE VÊNUS

VÊNUS
O planeta do amor

A influência de planeta na vida do jovem taurino

Sob a ação de Vênus, regente do signo de Touro, o nativo recebe aquilo que podemos dizer "benesses planetárias", pois o planeta é conhecido desde milhares de anos como *"O Pequeno Benéfico"*, assim seria uma *"estrela"* na vida do nativo.

> *Recebe o título de "O Pequeno Benéfico" porque satisfaz ao jovem seus desejos que proporcionam felicidade e bem-estar.*

Dessa forma, ter contato com as características do planeta facilita a vivência do taurino no que se refere aos seus desígnios astrológicos.

Nenhum astro no céu pode se comparar a Vênus em esplendor e brilho ao surgir anunciando um novo dia antes do Sol nascer ou, após o poente, anunciando a noite.

Dessa forma, é a *"estrela"* do taurino que representa os valores mais belos, a realização dos desejos, o recebimento de dinheiro para suprir suas necessidades e conseguir ter o conforto a que aspira na vida.

Um dos grandes desejos do nativo é possuir e desfrutar de conforto, isso inclui o próprio lar.

Em sua essência, Vênus sintoniza-se com o amor e tudo aquilo que oferece beleza e as delícias da vida.

A parte de Vênus no jovem taurino informa que existe muito a ser amado e criado, e que só pode ser desenvolvido pelo próprio nativo.

Uma afirmação para o jovem é: *"Estou atraindo todo o amor, a beleza e a inspiração criativa necessários para o meu completo florescimento"*.

Conhecer seu planeta regente é se inteirar dos princípios cósmicos que se refletem no seu modo de ser e viver. O planeta Vênus dá um tom especial ao nativo de Touro, e vale a pena conhecer e se aprofundar nos seus conteúdos.

Com muito prazer, apresentamos então nosso convidado ilustre: Vênus.

Conceituação geral

"A estrela"

O planeta costuma ser confundido com uma estrela, sendo conhecido também como **Estrela- d'Alva** (ou da Manhã) e **Estrela Vésper** (ou da Tarde).

Por se posicionar tão perto e refletir tanto a luz solar, o planeta é tão brilhante que é um dos únicos corpos celestes (excetuando o Sol) que pode ser visto durante o dia na Terra – o outro é a Lua.

Nesse aspecto astronômico ele se liga ao astrológico quando passa a representar a principal essência do ser humano – o Amor.

A maioria dos planetas tem uma órbita eclíptica (oval), porém a jornada de Vênus para dar uma volta em torno do Sol é a mais circular de todas – ou seja, a menos "excêntrica" (especialmente se comparada ao seu vizinho, Mercúrio).

Simbolicamente, pode representar para o taurino o desejo de perfeição, de que o ciclo de sua vida seja o mais previsível possível, que não sofra interferência em seu caminho, que seja um indicativo de sua necessidade de rotina estabelecida que lhe confira segurança no que se propuser a fazer.

Esse aspecto leva o taurino a evitar mudanças drásticas em sua vida, pois receia o imprevisível. Precisa sentir-se plenamente seguro e, dessa forma, procura evitar agitação que possa desencadear transformações não desejáveis.

Vênus é um dos únicos planetas cuja rotação é inversa (o outro é Urano). Isso significa que o planeta rotaciona em seu próprio eixo na direção oposta à dos outros planetas. Visto de lado, sua superfície se move de leste para oeste ou da direita para a esquerda, ou, se visto de cima do Polo Norte, em sentido horário.

Como sua órbita se situa entre a Terra e o Sol, Vênus nunca parece, da nossa perspectiva terrestre, estar distante do Sol. Para a astrologia, uma implicação prática disso é que Vênus nunca está mais do que dois signos distantes do signo do zodíaco em que o Sol está. Assim, por exemplo, se o Sol está em Leão, Vênus só pode estar em Leão, Gêmeos, Câncer, Virgem ou Libra.

Linha do tempo venusiana

Há 3600 anos, registros astronômicos na Babilônia mostram aparições de Vênus.

Há 3500 anos, babilônios antigos consideram Vênus uma das "estrelas" mais brilhantes.

*Há 2500 anos, na Grécia Antiga, acredita-se que Vênus são dois planetas diferentes, com dois nomes – **Fósforo** ao amanhecer e **Héspero** à noite.*

Há 2000 anos, observadores chineses antigos se referem à Vênus como "Estrela de Metal".

Conceituação astrológica
Dignidades e debilidades planetárias

Uma rápida visão astrológica do planeta em outros signos nos concede algumas informações sobre os mesmos.

O planeta Vênus sofre sensíveis influências nos signos de "exaltação", "exílio" e "queda".

Exaltação em Peixes: a enorme sensibilidade desse signo amplia ainda mais o senso estético e a dedicação ao próximo. Amor mais criativo, compassivo e desinteressado ou acréscimo de percepção de valores transcendentais. Dessa forma, uma dica essencial é verificar que o pisciano também traz um espírito artístico e devotado.

Exílio em Áries: sua influência se apega pela força do "eu". O amor torna-se egoísta e impulsivo, o dinheiro pode ser rapidamente ganho e gasto. Talvez seja difícil para o taurino entender o sentido de dissipar do ariano e sua impaciência ante a morosidade do signo de Touro.

Exílio em Escorpião: amor passional podendo ir à destruição, mas também à sublimação; e a aquisição financeira pode ir desde o desejo compulsivo ou ao inteiro desapego. O signo é caracterizado pela dureza de caráter e pela necessidade de transformação das coisas. Tentar compreender que o escorpiano mostra-se vingativo e ansioso pelo poder e controle de tudo ao seu redor.

Queda em Virgem: onde a visão e o apego à minúcia fragmentam a visão do todo, dificultando a busca da harmonia. O amor mostra-se crítico e analítico. Compreender o sentido humilde do virginiano principalmente no que se refere à indumentária e embelezamento que o(a) taurino(a)tanto almeja.

Afrodite e Vênus
Divindades do Amor

Os gregos a representavam como a deusa Afrodite com os cornos do touro sagrado.

Vênus é a deusa romana do amor e da beleza. Teria esse nome, pois era o astro que mais brilhava quando observado por astrônomos da Antiguidade.

O planeta foi associado com a harmonia e desde a mais remota Antiguidade tem sido assimilado a divindades femininas, como Afrodite e Vênus.

Afrodite era a mais velha entre os deuses do Olimpo. Casou-se com Hefesto (Vulcano) – o artesão dos deuses – mas teria aventuras com outros deuses e com mortais.

Representa a mulher núbil e esposa perfeita, o casamento, a vida conjugal, o amor e seus devaneios, as aventuras sentimentais, os enfeites e o erotismo.

A evolução do signo
A posse como sobrevivência

A caminhada iniciada no signo de Áries quando a humanidade vivia em grupos beligerantes encontra mais estabilidade no signo de Touro, regido por Vênus.

Marte inspira a busca do fogo, que era uma verdadeira marca da luta pela sobrevivência. A humanidade vivia em ambiente inóspito e rude, e em estado quase animalesco.

No signo de Touro, passa da fase instintiva para o utilitarismo quando aprende a fazer cuias, agasalhos de peles de animais, bastões, lanças – inicia-se o princípio da posse. Princípio esse que pauta os desígnios do jovem taurino.

A posse é fundamental para sua sobrevivência, observando que essa possessividade se estende até ao amor por meio do ciúme.

Bênçãos celestes
As delícias da vida

Vênus, no mapa astral, é tido como grande expressão de elevada ajuda e proteção celeste, razão pela qual foi agraciado com o título de "**O Pequeno Benéfico**" do Zodíaco.

Nesse aspecto, é preciso que o jovem muna-se de considerável atitude de gratidão perante o Cosmo, pois de certa forma é agraciado com inúmeras qualidades venusianas.

É importante que o taurino constantemente renda graças a tudo de bom e belo que recebe na vida, independente do valor, que na verdade pode ser relativo.

Sob o influxo venusiano o nativo é abençoado com a prosperidade, a beleza do mundo, o amor em sua plenitude e a busca de satisfação de seus desejos.

O taurino, regido por Vênus, é motivado para a busca de sua satisfação e bem-estar pessoais, assim, deseja ser suprido pelo dinheiro que o leva a angariar seus bens materiais.

Busca ser próspero e feliz, sabe aproveitar o bom da vida, isso incluindo a própria beleza da natureza, das artes, enfim, do universo.

O grande desejo é que tudo aquilo que aspira sejam como verdadeiras oferendas.

O planeta indica as necessidades a serem preenchidas, as carências e tudo aquilo que deseja seja atendido.

Vênus inspira ao taurino a bênção da satisfação de desejos, o conforto, o charme, a estética, a boa mesa.

Representa os "valores" do nível material ao espiritual, isso é, aquilo que gosta e que proporciona prazer.

Ao nativo, o planeta confere talentos artísticos, notadamente no universo da música, assim pode-se qualificar o taurino com uma boa voz.

Para angariar tudo que deseja, o taurino pode ser um ferrenho trabalhador e com apurado senso de economia.

O planeta desvincula o nativo dos impulsos agressivos como contendas, brigas, lutas.

Na astrologia védica, o planeta é considerado um dos mais misericordiosos.

Amor por tudo que é belo
Beleza é fundamental

O taurino tem uma afeição toda especial para com o mundo da arte, pode não ser propriamente um artista, mas sabe ser um bom apreciador.

Sabe apreciar o belo, a estética em todos os sentidos e a valoriza com verdadeira devoção.

O jovem taurino tem afinidade com a arte, a apreciação do belo, a estética em todos os sentidos seja corporal ou artística – tais atributos devem ser levados em conta e procura conectar-se com o mundo da expressão de tais qualidades.

A grande sensibilidade às artes pode levar à música, à pintura, ou atividades de beleza e estética de modo geral.

Seus sentidos são notoriamente apurados, isso pode levá-lo a apreciar sabores, odores, visões, sons e vibrações.

Aqui um indicativo planetário: o jovem pode ser um excelente degustador, *sommier*, conhecedor de perfumes e aromas de todos os tipos de café.

Ainda com relação ao aspecto sensorial venusiano, gosta de se reunir em restaurantes ou similares para desfrutar de uma boa refeição.

> *O desejo premente de posse leva o nativo a ser considerado um dos mais ciumentos do Zodíaco.*

Come com os olhos também, pois o espírito de Vênus inspira a autoindulgência em saborear uma boa comida.

O taurino tem um quê todo especial para fazer avaliações de elementos, daí o interesse em lidar com dinheiro, administração de finanças e atividades que envolvam o numerário, como caixa e bancário.

Por influência de Vênus, seu planeta entronizado em Touro, você tem um medidor, um "avaliador" todo especial não só pelo dinheiro, mas por tudo que é considerado valioso e confortável. Daí pode ter facilidades em lidar com coisas que exigem precisão, sistemas de avaliações e medidas.

Seu profundo senso de "valores" – termo esse bastante extensível em sua definição – pode ser um elemento muito útil no próprio cotidiano.

O dinheiro é o recurso disponível para adquirir símbolos consumistas que sugerem plena felicidade como carros, joias, roupas de grife, casas na praia... Eles, por si só, não são a verdadeira felicidade.

O taurino, por ser nativo de um signo de Terra, precisa se sentir munido de objetos, coisas, bens palpáveis que designam e conferem certa segurança.

Vênus é o princípio da atração, que no caso de Touro se caracteriza pelas posses que tanto almeja angariar.

Preza as posses porque representa o que mais valoriza e o que lhe confere a segurança de que tanto necessita.

Vênus rege os valores em todos os sentidos, quer sejam físicos como bens materiais; como também valores espirituais, morais, artísticos, dotes; e talentos para a música, para a culinária ou para o uso da terra.

O poder atrativo de Vênus emana do próprio magnetismo pessoal.

Mundo material
O construtor

A grande qualificação de Touro é a sua força aplicada no mundo material, real, visível.

Essa perspectiva leva-o a ser um bom construtor no sentido literal da palavra.

Importante frisar seu empenho em realizar, edificar e materializar suas ideias e projetos.

Se o ariano dissipa e esbanja energias; Touro concentra, acumula, estoca e dessa forma consolida a realização material.

Aqui temos contato com o mundo da forma. A energia é tentada a descer os degraus alcançados visando obter tudo aquilo que satisfaça seus desejos.

O jovem, ao longo da vida, tende a acumular e armazenar vários elementos como emoções, ressentimentos, tarefas e inclusive a massa corporal.

Ao juntar todos esses sentimentos, com certeza chega a um ponto cuja carga se torna insuportável – é preciso se desprender de muitas coisas.

O apego é tanto que se torna um ser possessivo e ciumento.

O desejo de possuir dever ser abandonado para se sentir mais livre.

Lembrar sempre que o prazer é bom, mas o excesso causa desequilíbrio, assim o prazer deve ser contrabalançado com boa dosagem.

> *Os sentidos são apurados, o que o leva à profunda percepção do belo e dos valores a que tudo se reveste.*

Aspira ao sucesso nos negócios, sendo levado pelo prazer como também pela garantia de segurança.

Influenciado por Vênus, sente "orgasmo" quando consegue estruturar seus planos e vê-los sólidos.

Touro é a energia da fixação e estabilidade típica do Elemento Terra. As ações são lentas, em compensação são objetivas.

O jovem pode ficar num trabalho que não aprecia e até o incomode porque se sente seguro.

Seu desejo é sobreviver, conseguir segurança e estabilidade para, em princípio, ter as coisas básicas.

De mãos dadas com a Natureza
Especial atenção ao ambiente

Podemos considerar a energia taurina como um solo bem regado e fértil, que nutre as raízes que sustentam a planta.

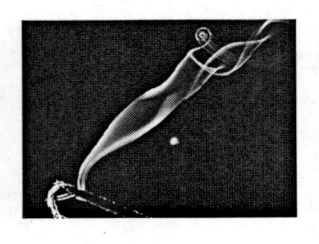

Nesse aspecto, o venusiano taurino aprecia a natureza com tudo que ela oferece de bom e produtivo.

Várias indicações podem ser feitas a partir dessas afirmações, como o interesse pela horticultura ou ao menos ter o sabor desses produtos em sua mesa.

BENEDITO JOSÉ PACCANARO

Aliás, o taurino tem um apreciável desejo de satisfação de comer.

No contexto de amor à natureza, adoraria ser um fazendeiro; mas seu sentido estético pode se voltar para jardinagem, floricultura ou confecção de buquês.

Acredita que interagindo com o ambiente de forma criativa (um aspecto venusiano) mais belo e sustentável será o mundo em que vive.

Seria um signo de busca do Paraíso na Terra.

Nessa conjectura, se entrelaça com a filosofia da Igreja Messiânica no que se refere ao belo e à agricultura natural.

A fertilidade de touro era espelhada no deus Ápis, a única deidade representada como um animal completo, nunca mostrado com uma cabeça humana.

A estética universal
Princípio venusiano

O planeta Vênus tipifica o padrão estético universal que, na verdade, difere para cada pessoa: 'que seria do vermelho se todos gostassem do azul' – é o que filosofa o astro.

A cada um confere um atributo considerado belo, e a 'beleza está nos olhos de quem vê'.

A estética, o belo depende de pontos de vista, que são diferenciados em relação à óptica de cada um de nós.

Taurino, influenciado por Vênus, sente necessidade de coisas belas ao redor, de se vestir bem. Uma das formas de viver a beleza é lidar com artes, embelezamento do corpo, decoração ou moda.

Notável prevalência do princípio feminino, plástico e suavizante, sobre o masculino.

Vênus representa aquilo que gostamos, a capacidade de amabilidade e tudo que nos proporciona prazer.

Na interpretação astrológica, o planeta dá indicativos sobre o amor, o namoro, o casamento, os amantes, as uniões, a arte, a estética, a beleza, o bem-estar, os negócios e o dinheiro.

Você, que recebeu a regência do planeta Vênus, tem interesses que podem ser considerados refinados.

Vênus aspira à satisfação no que se refere a finanças, aos afetos, à autoestima, às artes e a situações como festas, casamentos, shows, apresentações etc.

O amor venusiano

Fascinação e êxtase

A designação astrológica de Vênus, como regente do signo, confere ao nativo de Touro predisposição para oferecer ao ser amado o que de melhor possui, ou se não o puder pelos menos nutre essa intenção.

Na verdade, gostaria de oferecer e usufruir tudo de bom que o mundo expõe.

Você não faz cerimônias ou mesquinharia (se puder gastar) em despender recursos a fim de presentear, dar satisfação a quem ama.

Mas é importante observar a ilusão oferecida por Vênus de que dinheiro traz felicidade – ajuda, mas nem sempre é o fator principal.

Quando você se extasia, se fascina, se surpreende e se emociona diante do belo, certamente está utilizando atributos do planeta Vênus.

Vênus é a concepção intelectual do amor.

O simbolismo de Vênus tem dois aspectos – um ligado ao amor e outro relacionado à atração sexual.

O primeiro caso é a representação do amor como força de coesão, de harmonia e de beleza, conferindo capacidade para a beleza e a estética; o segundo apresenta a impulsividade, as tendências passionais, a atração pelo luxo e pela sensualidade.

Vênus revela o que, a quem e como nós amamos, e também nossos valores na vida.

O jovem quer pessoa de boa aparência, perfumada, que seja convidado para um jantar à luz de velas, e ainda com um vinho de qualidade.

Tem queda por pessoa que esbanja sensualidade. Gosta de ser acariciado e ser tratado com gentileza.

Uma grande missão

Várias perspectivas

O signo possui princípios bem firmados, o que leva o nativo a ter dificuldade em mudá-los, e por isso ser considerado intransigente.

Como possui os órgãos dos sentidos bem desenvolvidos (visão, tato, olfato, ouvido e paladar) pode se envolver em qualquer atividade em que esses órgãos possam ser usados.

Daí ser o perfumista, o músico, o mestre-cuca atividades que precisam de sensibilidade nas mãos e a visão no sentido de captação de cores, nuanças, paisagens ambientes, decoração etc.

A influência venusiana torna-o afável e desejoso de um ambiente belo e com o devido conforto (que considera merecedor desses privilégios).

As metas do jovem taurino são: buscar sua estabilidade (em decorrência do planeta estar em signo de terra); buscar segurança, pois detesta imprevisões; pautar-se por atitudes objetivas e definidas.

Reforçando, motivado por Vênus, o jovem sente-se atraído por tudo que inspira o belo e por tudo que satisfaz seus sentidos aprimorados.

Admirável é sua persistência, resistência e firmeza, o que o leva a ser considerado teimoso. Paciente e determinado, o taurino encara as empreitadas com perseverança.

Um jovem essencialmente prático e objetivo que, de forma gradual, vai colhendo os frutos materiais.

Ao nível de sensações venusianas, entrega-se aos prazeres e delícias que a vida oferece.

No aspecto saúde, o taurino precisa ter controle das glândulas sexuais e do aparelho genital-urinário. Fazer exames de tireoide e paratireoide, e praticar esportes.

Atributos planetários

Associações gerais

Comportamentos atribuídos ao planeta:

- impulso para associações harmônicas;
- procedimentos amistosos;
- gentileza, suavidade, tato, placidez;
- habilidade no amor e nas artes.

O conjunto de atributos venusianos reúne a associação referente às sensações, à sensualidade, à atração, à sedução e ao prazer.

É associado à região da garganta, à paratireoide, ao dinheiro, às posses, às artes, à beleza e aos adornos.

É indicativo astrológico de negócios e dinheiro, assim ele se apresenta em grande parte de nosso cotidiano.

Algumas plantas são dedicadas à Vênus devido ao seu perfume (principalmente as rosas) e aos frutos bem adocicados.

A **cor verde** pode ser associada ao signo. O verde aparece em várias passagens bíblicas como "verdes pastagens" (Salmo 22.2); "ervas verdes" em Gênesis; enquanto Jacó (Gên. 30.7) "colheu ramos de verde álamo".

O verde tem qualidades sedativas e harmonizadoras, neutraliza as qualidades dinâmicas e é energia do vermelho.

Na Cabala, o verde significa vitória e é também a cor segredo do Islã.

O QUE TODO JOVEM DE GÊMEOS PRECISA SABER SOBRE SEU REGENTE MERCÚRIO

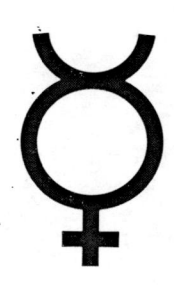

MERCÚRIO
O planeta mensageiro dos deuses

A influência do planeta na vida do jovem geminiano

Mercúrio concede ao jovem geminiano uma visão inteligente às ideias ou possibilidades. O planeta inspira conhecimento, sabedoria, vontade e curiosidade de aprender – isso se resume astrologicamente em um ser notadamente de consciência elevada e não simplesmente sujeito a impulsos instintivos.

Conhecer seu planeta regente é se inteirar do funcionamento do universo cósmico por meio dos astros, que são grandes impulsionadores de vida e mistério que a astrologia desvenda.

O jovem antenado nas inovações tecnológicas, no conhecimento, no poder da comunicação nos dias atuais.

Pode o nativo sofrer de ansiedade e tensão tendo em vista de que seu pensamento faz inúmeras conjecturas sobre as situações em geral. Esse item precisa ser trabalhado para que o jovem tenha um pensamento mais positivo e otimista.

É levado à importante interação social, contatos via internet e outros mecanismos atuais e amizades. Nesse universo, o jovem está acompanhando o desenvolvimento do mundo no que se trata de tecnologias e inovações.

Para se tornar completo, o jovem precisa munir-se de informação e comunicação para se integrar plenamente consigo, com a sociedade e com o mundo.

Precisa receber e oferecer informação seja pela leitura, pela escrita ou comunicação via internet. Pode ter uma curiosidade insaciável para as novidades e pelo que se passa em termos locais, nacionais e mundiais.

Independentemente da idade, representa o espírito adolescente, assim o geminiano aparenta ser eternamente jovem.

Sempre movido por um impulso para angariar o conhecimento e passá-lo adiante, disseminando o saber.

Também pode gerar uma energia de natureza nervosa e descontrolada, faceta essa que precisa controle. Seus inúmeros interesses deixam seu cérebro em profunda atividade intelectual.

No corpo humano rege o sistema nervoso, os pulmões e as vias respiratórias, partes essas que precisam de um bom cuidado.

O seu poder e potencial comunicativo são de extrema valia, pois o jovem pode se interessar por áreas de comunicação, marketing e comércio exterior.

Sob a inspiração do deus Mercúrio, que também era considerado o guia das almas, você pode se interessar por situações e perspectivas religiosas tal como um pastor. De qualquer forma, como guia das almas pode ser professor, monitor ou educador.

Precisa envolver-se no conhecimento atualizado e com pessoas que sejam interessantes para poder trocar ideias, as quais são profícuas na mente geminiana.

Mercúrio o dotou de inúmeras características que valem a pena serem exploradas e usadas em benefício próprio e também no seio da comunidade. Você pode ser a voz que clama melhorias, bem-estar e a valorização do ensino e dos professores.

Nas áreas de ensino pode ser um bom professor, mestre, escritor, palestrante, inclusive autodidata.

A parte de Mercúrio no jovem informa que existem muitas ideias a serem trocadas. A sua afirmação é: *"Eu sou o brilho humorístico, claro e articulado da vida, que se expressa por meio de mim e me proporciona a confiança de dizer a verdade com um coração gentil".*

Reportando-nos à ação astrológica, observamos que Platão quase nada disse sobre a arte na prática, porém os astrólogos que seguiram seus ensinamentos no mundo clássico argumentaram que a paz e a ordem deveriam ser observadas se fosse possível prever padrões planetários perigosos os quais pela ação do livre-arbítrio poderiam ser superados favoravelmente.

Saiba que nos anos 50, grandes cadeias de rádio, no Brasil, divulgavam a Astrologia nacionalmente, destacando-se o astrólogo Omar Cardoso, que publicava colunas em jornais e revistas. O entretenimento continua até hoje.

Conceituação geral
Ligado ao Sol

O planeta era conhecido por diversos povos antigos. Recebeu o nome em homenagem ao mensageiro romano dos deuses por ter a maior velocidade orbital de todos os planetas do Sistema Solar, uma média de 47 km por segundo.

Sendo o planeta mais próximo do Sol, é detonado pelo calor e pela radiação. Isso faz com que seja possível a mais fina atmosfera, e o dia em Mercúrio chega a temperaturas muitíssimo elevadas.

Tem uma órbita "excêntrica" ou oval, muito mais do que a dos demais planetas.

Seu eixo quase não é inclinado, sendo quase perpendicular ao Sol, que está sempre diretamente voltado para o Equador de Mercúrio, durante o ano inteiro.

> *A rapidez e a agilidade do jovem decorrem da velocidade empreendida pelo planeta Mercúrio em torno do Sol.*

É o planeta mais próximo do Sol, e por isso o que dá a volta mais rápida nele. Por esse motivo, na Grécia era chamado Hermes, o veloz mensageiro do Olimpo.

O nativo tem muita aproximação com o conhecimento e desejo de conhecer as mais diferentes divindades em todas as culturas, mitologias e religiões.

Mercúrio não possui nenhuma lua; a duração de um dia desse planeta é de 176 dias da Terra, e o tempo de uma órbita (ano de Mercúrio) é de 87,9 dias da Terra.

Mercúrio tem diversas características que o destacam dos outros planetas do Sistema Solar. Ele tem centenas de crateras com nomes próprios, como Dickens, Shakespeare, Chopin, Mark Twain, Beethoven. Todas as crateras são batizadas em homenagem a artistas famosos e músicos clássicos.

A constelação de Gêmeos refletia uma imagem celestial dos gêmeos Castor e Pólux. Nascido da mortal Leda, Castor era filho do rei Tíndaro e, dessa forma mortal; o outro irmão, Pólux, era filho de Zeus, deus imortal.

> **A linha do tempo de Mercúrio**
>
> Há 5000 anos, os sumérios já conheciam o planeta.
>
> Há 3300 anos, são feitas as primeiras observações detalhadas do planeta, na Babilônia.
>
> Há 2500 anos, na Grécia Antiga, Mercúrio (assim como Vênus) é considerado dois planetas diferentes com dois nomes – Apolo ao amanhecer e Hermes à noite.
>
> Há 2470 anos, Heráclito acredita que Mercúrio e Vênus orbitam o Sol, em vez da Terra.
>
> Há 1000 anos, documentos chineses antigos se referem a Mercúrio como "Estrela d'Água".

Conceituação astrológica
Dignidades e debilidades planetárias

Exaltação: no signo de Aquário, a comunicação recebe o auxílio da ciência e da tecnologia beneficiando a sociedade de modo mais abrangente. O nativo pode ter grande afinidade com os aquarianos, pois ambos têm consonantes aproximadas no que se refere às tecnologias, o envolvimento com o povo, a comunicação e o poder de descobertas e inovações.

Exílio: no signo de Sagitário que busca transcender a realidade, em detrimento do intelecto mais concreto. O contato com o sagitariano geralmente é prejudicado devido a esse signo se envolver mais com teorias nas mais diferentes áreas, enquanto o nativo mercuriano procura desenvolver um espírito mais prático e voltado para o cotidiano e as implicações diárias, aproveitando-as para o mundo mais real.

Exílio: no signo de Peixes a compreensão se dá pela via intuitiva, muito mais do que pela racional. Como o jovem geminiano é mais mente e raciocínio conclusivo, sente certa dificuldade em entender o pensamento pisciano que é regulado pela intuição e pelas deduções misteriosas.

Regente esotérico Vênus: busca o seu verdadeiro amor, sem cessar; pode ser difícil expressar esse verdadeiro amor porque a sua segurança depende da total falta de compromisso. Mantém--se pronto para se debandar o tempo.

Mercúrio retrógrado
Se puder aguardar... melhor

A retrogradação é uma situação em que a órbita dos planetas sofre uma alteração em sua velocidade, tornando-se mais lenta, o que faz com que os planetas pareçam moverem-se para trás em relação à Terra. O planeta costuma retrogradar três vezes por ano, aproximadamente a cada quatro meses.

O movimento retrógrado influencia os movimentos e empreendimentos que passam a comportar-se de forma diferente do costumeiro ou do planejado.

Um momento mais lento ou difícil nas comunicações, nas negociações, nas transações, na tramitação dos documentos, nos estudos, nos contatos, nas viagens etc.

Os projetos podem sofrer influência devido a mudanças de planos, aos enganos, aos esquecimentos, aos atrasos, a demoras, aos adiamentos, ou permanecerem em suspenso até que o planeta volte ao movimento direto.

Momento em que podemos nos distrair com maior facilidade e assim cometer erros. Faça o possível para não se comprometer com encargos maiores do que você pode assumir, cumpra seus propósitos.

Pelo aspecto positivo, o movimento retrógrado pode ser um momento interessante para revisar e aperfeiçoar, para encetar pesquisas, para planejamento, organização e conclusão do que já foi iniciado.

Importante controlar a ansiedade, portando-se no período com cautela, atenção, observação de detalhes, pensamento ordenado, objetividade, simplicidade e clareza na forma de se expressar.

No *retorno ao movimento direto*, as coisas voltam ao ritmo normal, tudo passa a fluir; as situações que se encontravam enroladas começam a se definir para melhor. As atividades e processos retomam seu devido caminho.

Habilidades
Manuais e mentais

O planeta instiga o jovem a vivenciar a astúcia, o intercâmbio de ideias ou a movimentação relativa ao comércio.

Mercúrio tem relação desde o comércio agindo no plano material ao intelectual e puramente abstrato.

Nesse aspecto, ao jovem são conferidas habilidades para o desempenho de atividades ligadas ao comércio em geral.

Os romanos consideravam Mercúrio como o deus do comércio, do latim "*merces*" (mercadoria) e dos curandeiros.

O jovem influenciado por Mercúrio é beneficiado por várias qualidades que podem ser usadas no campo profissional. Habilidades que vão desde o seu poder de comunicação inato, até o pendor para tratar com as pessoas no sentido de convencê-las, o que o leva a se tornar um bom vendedor, comerciante ou empresário.

Como o deus, pode ter lances de esperteza favorecendo as mais diferentes conquistas em seu benefício.

A habilidade mercuriana se expressa por meio da digitação, organização de arquivos, redação, registro de todos os tipos de informações, ramos ligados à contabilidade, ao artesanato, à proficiência técnica e à habilidade nos negócios.

A motivação do planeta

O intelecto

A grande motivação do planeta é a linguagem, o poder de comunicação e todo o aprendizado.

É a capacidade de transformar em palavras nossos impulsos e fantasias o que nos torna criaturas dotadas de cultura.

É o princípio de ligação relacionado aos processos mentais que resultam conscientes os impulsos gerados pelo Sol e pela Lua dentro de nós.

É o grande motivador de nosso intelecto, do movimento, as funções de conexões e interconexão – tal como os dois lados do cérebro. Governa a mente analítica e discriminativa, a coordenação e a habilidade manual.

Regendo o intelecto, Mercúrio é de natureza andrógina – em sua manifestação masculina rege o signo de Gêmeos; e na feminina, o signo de Virgem.

Ao jovem geminiano, Mercúrio confere o poder do pensamento, a abundância de ideias, as habilidades e o espírito de investigação.

Para esse nativo, o planeta representa a mente lógica e racional que impulsiona a necessidade de estabelecer relações com as demais pessoas.

O deus Mercúrio em ressonância com o planeta inspira o geminiano a se aventurar nas mais diferentes áreas do saber.

Na antiga Babilônia, era chamado Nabu, "o proclamador", o deus da sabedoria.

Astrologicamente, o planeta representa a mente lógica e racional, a necessidade do aprendizado e o estabelecimento de ligações com os outros. Isso inclui o uso criativo da habilidade e a conexão com a inteligência. Do ponto de vista da interpretação em um mapa, ele dá indicativos de como a pessoa se comunica e pensa.

Em Gêmeos, Mercúrio porta-se como um planeta inquieto, instável, rápido, ágil e dispersivo.

Bênçãos celestes
O poder da palavra

O deus Mercúrio representa o mensageiro dos deuses, o mediador entre a divindade e os homens e o deus da palavra.

Era chamado de Hermes pelos gregos, e para os egípcios era Hermes Trimegisto, inventor da linguagem e da escrita.

Uma proximidade muito grande com os deuses o torna um grande conhecedor dos mais diferentes ramos que o intelecto pode conceber.

Sua imagem é de um jovem esguio, provido de asas nos pés, que significam a elevação e a aptidão para os deslocamentos rápidos. Usa um capacete, também munido de asas, simbolizando agilidade e velocidade do pensamento. Porta nas mãos um bastão com duas serpentes entrelaçadas – o caduceu.

Suas "asas" – o poder do conhecimento e da velocidade – incitam uma comparação muito auspiciosa com os próprios anjos, que são os mensageiros de Deus.

Os anjos são seres que detêm um nível elevado de potencial de conhecimento das nossas necessidades, e estão sempre ao nosso lado tentando comunicar vislumbres referentes a intuições, aos perigos e ao discernimento.

Esses atributos são verificados no jovem geminiano no que se refere a ter um corpo esguio e braços compridos.

Também tem certa tendência ao uso de boné, e intrepidez nas condutas quando deseja que tudo seja rápido. Tem problemas em enfrentar longas filas, mas também é uma oportunidade para "puxar papo".

Tal qual o deus Mercúrio, possui capacidade de intermediação e desenvolvimento de contato entre pessoas. Sabe argumentar seja em função de uma ideia ou causa que apoie. Diálogo perene, principalmente com o gêmeo que traz dentro de si.

O jovem geminiano comunica-se com muita simpatia, desenvoltura e vivacidade, usando os mais diferentes recursos como expressão corporal, gestos, movimento de mãos e braços.

Na Mesopotâmia, Mercúrio estava associado a Nabu, o escriba divino do destino que presidia o conhecimento, a escrita e a ciência. Era mencionado como o administrador do céu e da terra, e tinha outras associações com irrigação e cultura.

O deus da astúcia, da geometria, da aritmética. O deus traz à mão o caduceu – seu bastão mágico. Outro potencial do jovem é a mágica como arte devido a sua ligeireza de corpo, movimentos e mente.

Alquimicamente é o intermediário no casamento entre o Sol e a Lua.

O **Arcanjo de Mercúrio é Rafael**, que governa os escritos, a inteligência e a medicina. O seu dia é quarta-feira.

Mercúrio é associado ao intelecto, ao cérebro, à coordenação do sistema nervoso, ao sistema respiratório e à percepção mental. Assim, o planeta tem conotação com o raciocínio e com a destreza manual.

Risoterapia
O mágico encantador

Uma terapia baseada no humor pode melhorar a qualidade de vida de pacientes com problemas crônicos. O riso causa um alívio imediato dos sintomas desses pacientes.

A risada aumenta a imunidade, assim as emoções positivas em geral têm valor universal e automático em quaisquer circunstâncias.

Evidências científicas conferem veracidade ao axioma bíblico "Um coração feliz faz tão bem quanto um remédio".

O fator surpresa é, com certeza, um importante ingrediente do humor. Os bebês sorriem com os movimentos bruscos ou com mudanças de expressão, mostrando que falhas nas sequências dos comportamentos podem causar riso.

O jovem sob as benesses de Mercúrio tem potencial para se envolver nessa área, que vai desde *stand up*, palhaços, humoristas, ou levar alegria a crianças ou aos adultos.

O nativo possui bom humor e um bom senso do cômico, que pode ser elemento positivo para iniciar atividades profissionais ou simplesmente de lazer que levem em conta esse seu espírito divertido.

Perspectivas múltiplas

Um ser multifuncional

O planeta pode ser personificado como o arauto, o emissário, o jornalista, o estudante, o mediador, o carteiro, o conto do vigário e do bilhete de loteria, o ladrão, os escritos, os vizinhos.

Representa os braços, a lógica, o comércio, a argumentação, os meios de comunicação em geral e a rapidez do pensamento.

Alguns comportamentos positivos do planeta seriam o impulso para adquirir o conhecimento e também de comunicá-lo, e todos os seus fecundos processos mentais.

Possui capacidade de fazer muitas coisas ao mesmo tempo, desenvolver atividades paralelas, se dividir em múltiplas tarefas e objetivos.

O jovem tem habilidades múltiplas, o que pode lhe conceder facilidades em diferentes áreas.

Essa multiplicidade pode tomar muito de seu tempo, e por fim nem sempre consegue concluir algumas tarefas.

Mercúrio representa como nos comunicamos, afetando nossa audição, fala e forma de pensar, assim como nosso tato, gosto e olfato.

Mercúrio indica como aprendemos, ouvimos, falamos e escrevemos: atividades essencialmente ligadas ao intelecto aprimorado.

Adapta-se bem às mudanças, é criativo e gosta de deixar as coisas "em aberto". Pode ser do tipo que começa um novo projeto e desiste no meio.

No trabalho, faz questão de ter muitas informações antes de começar uma tarefa.

Aspectos nem tanto positivos
Falar demais

Negativamente, pode se dizer que o planeta concede características de energia nervosa, descontrolada, instabilidade mental, distração, astúcia para enganar as pessoas, infidelidade, calúnias, fofocas, intrigas e ser hipercrítico.

Pelo lado negativo, é possível adicionar mordacidade às palavras a fim até mesmo de ser ouvido ou de obter atenção.

Como o desejo de se comunicar é ativado, pode ocorrer um impulso para falar demais.

Devido aos seus variados interesses, muitas vezes o jovem se torna inconstante e consequentemente não se foca num caminho ou interesse.

O seu temperamento é chamado "mercurial", herdado das características de inquietação.

A alma gêmea
Cultura e bom humor

Deseja alguém que seja estímulo para seu senso de curiosidade e também que aprecie sua inteligência e capacidade criativa.

Sente fascínio pelas palavras, pela eloquência e pelas pessoas que apreciam compartilhar informações e que sejam antenadas na comunicação e nas tecnologias.

Não quer se sentir preso, sufocado nos relacionamentos; precisa se sentir livre para se sentir vivo.

Adora atividades culturais e pessoas interessantes, de bom humor, que gostem de rir.

Espera encontrar alguém que não seja rotineiro, que aprecie divertir-se e viajar.

Mente e desafios
Desenvoltura e ecletismo

O jovem deve procurar investigar as coisas por si próprio e acumular conhecimentos, sempre em busca de novas informações.

O geminiano enriquece sua vida encontrando o equilíbrio no conhecimento adquirido pela sua curiosidade e pelo desejo incessante de saber.

Cada fato se converte em uma nova peça inserida no jogo da vida.

Precisa estar em sintonia com o enorme poder de sua mente.

Mantenha uma mente harmonizada para levar adiante suas tarefas de descobrir fatos.

Evitar a insegurança e a abstenção que pode levar o nativo a um processo como se estivesse andando em círculos.

Evitar parecer ter falta de tato e consideração pelos demais, suas críticas negativas não podem ser denotadoras de desavenças.

O jovem adora citar fontes de informações e costuma ler com muita voracidade, pois deseja ser bem informado e respeita aquele que considera uma autoridade no assunto.

Menciona o que os outros dizem sobre inúmeros assuntos, está muito a par das tendências mais recentes.

A mente em seu modo positivo confere um extraordinário poder de discernimento.

Sua missão está associada a viagens e comunicação tal qual o Mercúrio romano, que também era o deus dos negócios e das atividades que envolviam deslocamento.

Também o planeta é relacionado aos parentes, ao ensino e à aprendizagem em geral. É possível que venha a trabalhar ou se associar com parentes e viver próximo deles.

Perspectivas de ser um bom monitor, radialista, apresentador, conferencista e exercer atividades relativas a mudanças, transportes e quem sabe guia turístico. Possibilidades não faltam, pois o nativo sob Mercúrio tem muita versatilidade, adaptabilidade e exercitação mental.

Por sua excelente abrangência, sua capacitação pode ser continuamente ampliada, sempre guiado pelo anseio de aprendizado.

Enfatizamos a sua multifuncionalidade, que pode levá-lo a se inserir nas mais diferentes áreas, atuando como corretores, motoristas, taxista ou vendedor.

No aspecto saúde, o geminiano pode se desinteressar pela alimentação e comer rápido. Ter vulnerabilidade das vias respiratórias e do sistema nervoso. Pode ter aptidão para tênis, atletismo e esportes de velocidade.

O QUE TODO JOVEM DE CÂNCER PRECISA SABER SOBRE SEU REGENTE LUA

LUA
O luminar do acolhimento

A influência da Lua na vida do jovem canceriano

A Lua na astrologia é considerada planeta e concede ao jovem um poder muito grande. Ele é "sensibilizado" pela Lua no que se trata das considerações mais tradicionais desse satélite da Terra.

O jovem é influenciado pelo sentimento de romantismo, o lado poético que aflora e que pode ser desenvolvido nas mais diversas atividades como literatura, pinturas idílicas, aconselhamento de pessoas e trato com o público em geral.

Dedicação, devoção, amor, consideração são temas que envolvem as emoções do nativo que está sempre solícito aos clamores dos que estão ao seu lado.

Conhecer e usufruir de religiões orientais, vir a ser um ministro que pode ouvir as queixas e

> *Os laços familiares, a cultura do seu povo, a história dos ancestrais tem um lugar todo especial nas suas considerações.*

lamúrias dos fiéis. E o próprio sentimento de consideração e acolhimento pelos demais são fatores relevantes no seu modo de ser e que incutem um senso de espiritualidade.

Estudar ou desenvolver temas ligados à família, à comunidade, ao povo, ao homem em suas origens, aos contatos humanos, aos estudos sobre a infância e adolescência e sua repercussão na vida das pessoas.

Interessar-se sobre assuntos que abordam os contraceptivos, as precauções para não ocorrer gravidez, debate sobre o que é "vida" e qual o momento em que esta é considerada. Opiniões sobre abortos e eutanásia, o cuidado com os adoentados e necessitados de um modo geral.

É o signo da vida, em todos os sentidos desde a sua preservação até os momentos finais.

A Lua possui uma notável influência na vida do jovem, inspirada na Grande Mãe que nutre, ampara, ensina, envolve.

O jovem pode se interessar pelos ciclos e ritmos que regem a vida humana, como os próprios relacionados à história da humanidade e da Terra.

O espírito do jovem pode variar entre artístico, calmo, sonhador, indeciso, sentimental, rotineiro e condicionado pela segurança.

Conceituação geral

A Grande Mãe

O satélite da Terra, a Lua, simboliza o princípio feminino e maternal – o arquétipo da Grande Mãe. Desse arquétipo deriva todo princípio que rege a Lua e seus regidos, os cancerianos.

A Lua tem profunda ligação com as tradições e os costumes.

O jovem é muito influenciado pela sua regente lunar, e dessa forma sensível às suas diversas fases.

O nativo pode ter fase com a Lua, a qual passa do mais escuro ao mais jubiloso.

Na fase Nova, a Lua e o Sol fazem uma espécie de casamento celeste, iniciando um novo ciclo de lunação.

Lua Nova: para o jovem é apropriada para trabalho interno, para se organizar e planejar esse novo ciclo em formação. Momento de fazer um balanço do que passou e colocar novas perspectivas para o próximo ciclo.

Lua Crescente: etapa dinâmica do ciclo, caracterizada pela ação e expansão, quando a energia se move para fora. Época indicada para expor e divulgar, pois há maior processo de abertura das pessoas. Período de expansão, voltado para fora (hora de mostrar trabalho).

Sintoniza-se com os ritmos e ciclos lunares, sendo atingido pelas flutuações lunares em seu humor muito variável.

Lua Cheia: o "plenilúnio" quando as energias estão em alta. Aquilo que foi plantado na Lua Nova mostra o seu potencial, os resultados de seus trabalhos. Período excelente para eventos públicos, anunciar, apresentar ideias e propostas que podem causar impacto. O jovem sente-se fisicamente energizado e bem-disposto.

Lua Minguante: período em que é proposto mais recolhimento e interiorização quando o jovem pode fazer um autoexame para saber como se sente diante das exigências do dia-a-dia. Durante essa fase lunar não é recomendável fazer divulgações, lançamentos de produtos, pois tais eventos podem passar despercebidos.

Para denominar os diversos acidentes geográficos da Lua, a União Astronômica Internacional (IAU) denominou algumas crateras com nomes de filósofos, cientistas e inventores, como Ptolomeu, Platão, Aristóteles e o brasileiro Santos-Dumont. As montanhas lembram formações terrestres: Alpes, Pirineus, Cáucaso.

Bênçãos celestes
Sensibilidade e empatia

O canceriano, regido pela Lua, tem uma fantástica imaginação munida de muita criatividade e que pode ser devidamente explorada nas mais diversas atividades.

O seu forte componente romântico faz com que imagine situações poéticas e cheias de encantamento e fantasia. Tem possibilidades de encenações cheias de fascínio onde pode mostrar todo seu lado espiritual.

Tem desejo de praticar uma fé religiosa, talvez não com base num sentimento de verdadeira elevação espiritual, mas para garantir-se mais tarde perante Deus.

Sua fé e seu poder criativo costumam andar juntos e de mãos dadas.

Se expressa criativamente por meio das emoções, e sente necessidade de ser reconhecido pela sua sensibilidade. Suas emoções podem ser expressas nas mais diversas artes, desde a espiritual ou religiosa como também nas artes em geral.

Um de seus símbolos espirituais seria o lótus que representa a alma, sendo muito usado na arte religiosa na Índia.

A Lua, sua regente, é ligada às coisas da alma, do amor romântico, da sensibilidade, da compreensão e do entendimento entre as pessoas.

BENEDITO JOSÉ PACCANARO

A ideia de uma humanidade sofredora traz imediatamente os sentimentos profundos pertencentes a esse signo. Tem reconhecimento, por empatia, dos sofrimentos, das angústias e emoções que invadem as pessoas.

A Lua o coloca no mundo dos sonhos onde pode exercitar sua imaginação, suas fantasias, seu espírito delicado, romântico e inspirador.

Nesse contexto, você pode ser poeta, escritor, artista ou contador de histórias.

Costuma encantar-se, entrar em estado de êxtase na contemplação de uma imagem ou de uma cena da natureza.

Nesse sentido, o jovem sente tudo profundamente sensibilizando e emocionando-se com facilidade.

As emoções tornam o nativo muito vulnerável e pode inclusive afetar sua saúde, de qualquer forma é sempre interessante vivenciar com ardor as de cunho positivo, que são estimulantes para sua alma.

Instinto protetor

Cuidar e nutrir

Possui uma necessidade muito potente de abrigar, cuidar e nutrir, pois seu instinto protetor é focalizado em quem quer que esteja ao seu lado, até colegas e amigos.

No íntimo pode ser um buscador de mães, pois não consegue desligar-se de sua mãe biológica. A mãe é a principal figura de sua vida e tem uma importância muito grande como modelo protetor e de acolhimento.

É inspirado a cuidar, seja da família ou de pessoas que ama, oferecendo seu colo. Necessita estar com seus familiares ou em família.

Envolve-se nos sentimentos de cuidar e proteger as pessoas. Pode ser membro do Conselho Tutelar, gerenciador de casas de repouso ou SPA, psicólogo ou pediatra.

E também como ressonância desses aspectos, pode ter prazer em cozinhar, preparar doces e quitutes; sugerindo cozinheiro, doceiro e proprietário de restaurante ou fornecedor de alimentos.

O jovem costuma proteger-se a si próprio e aos outros, dessa forma se torna ciumento, possessivo e absorvente. Mas tudo isso num clima de querer acolher, possuir e salvaguardar o outro.

Pode ser popular porque anseia pela atenção; ter senso de publicidade porque quer ser notado.

Se alguma perspectiva não foi atendida, o jovem pode "amarrar a cara" e fazer "bico", e assim se tornar rancoroso e ressentido. Nesse aspecto é preciso ter uma prudente vigilância, pois nem todo mundo aprecia tais formas comportamentais.

Câncer sintetiza as qualidades de proteção e cuidados.

É interessante desvendar os mistérios lunares, seguir suas fases e verificar como elas influenciam seu espírito, que é mais sensível à energia da Lua.

Mantenha uma conexão vibrante com esse seu astro regente, pois pode ser um excelente indicativo de momentos que são mais propícios.

Como deseja ser conquistado
Pela sensibilidade

O jovem é um ser sensível, com humor sempre mudando, fluindo ao ritmo da Lua.

Para conviver bem é necessário entender o que está ocorrendo com ele e o que está querendo. E para isso é preciso que a alma gêmea tenha sensibilidade e intuição toda refinada e especial.

Para fisgar o canceriano uma ideia é preparar uma boa comidinha, com clima envolvente e acolhedor.

Apreciador dos lares, do convívio em família e da amizade sincera, deseja uma pessoa ao seu lado que seja uma verdadeira mãe.

O romantismo impera em seu ser, deseja viver sempre uma grande e eterna história de amor.

O caranguejo
Ralações simbólicas

O animal símbolo do signo tem comportamentos que se espelham no canceriano.

O caranguejo esconde os ovos debaixo do corpo. Ao sair, os filhotes ficam em parte presos nas patas cavadeira. Ao contrário dos peixes, os caranguejos são cuidadosos ao dirigir-se para frente. Por outro lado, são confiantes ao andar para trás.

O caranguejo começa a jejuar, e em certo momento a carapaça se solta – o cálcio sai da pele e penetra no estômago; a carapaça racha e o animal todo sai de dentro dela. Então ele se esconde por algum tempo, cresce e novamente solta o cálcio da pele, para formar nova carapaça.

A troca de carapaça é tida como um símbolo que envolve o nascimento e o renascimento.

Nesse período, o animal é extremamente vulnerável.

Ante qualquer confrontação foge para sua toca.

Nesses comportamentos, verificamos que o jovem costuma cuidar do que considera seu. Possui um senso de cuidado, defesa e proteção diante das ameaças da vida.

Sua adaptação é passiva e receptiva, pois ele não é apreciador da competição aferrada e agressiva.

Sente-se mais confortável revivendo experiências bem-sucedidas e que possam, então, ser repetidas.

Para o canceriano usar de uma carapaça o protege de sua vulnerabilidade emocional. Existe muito amor trancado na sua alma e, às vezes, ele não consegue expressar o que sente.

Assim, ante uma confrontação o canceriano pode se esconder na sua toca até que o perigo passe.

Tende a comportar-se como o caranguejo: andar de lado e evitar em vez de confrontar.

O seu estômago é a parte mais sensível do corpo, sendo afetado por indisposições estomacais, problemas de assimilação de cálcio e alergias provocadas pelo leite.

Sua alma se retrai, com medo de mostrar-se e ser machucada. Gosta de recolher-se na intimidade do lar e muitas vezes fechando-se dentro de sua concha.

Esotericamente, o signo de Câncer seria a matriz de onde originariam as condições primordiais da existência que precisam ser protegidas para serem preservadas.

As estrelas da constelação de Câncer foram associadas aos crustáceos desde os babilônios, quando seu nome era "a Lagosta".

Raízes e memórias

A eterna criança

O jovem tem dificuldade em sacrificar suas raízes étnicas ou tradições. Dessa maneira, interessa-se pela sua ancestralidade, pelos seus antepassados e pelos costumes de seu povo ou família.

O mundo psicológico do jovem é o mais complexo do Zodíaco, e não é por acaso que Jung relaciona o inconsciente pessoal e as estruturas arquetípicas à imagem da Lua e ao signo de Câncer.

O jovem está em conexão com o seu "lado criança" recordando, acessando suas memórias interiores originadas no passado.

Tem dificuldade em se desligar do que passou, pois sua memória é bastante retentiva das situações vividas e isso nem sempre é interessante cultivar.

Essa inquietação pode desdobrar-se em situação que o jovem se interesse por história, antepassados, fotografia e museologia.

Possui uma memória fotográfica, impressionável, principalmente no que se refere às impressões emocionais. Retém na memória impressionantes detalhes.

Em suas divagações recolhe sua história pessoal, cheia de impressões e emoções.

O drama de Câncer é o jogo do "real" e do "imaginário" – um fluir e refluir constante.

Aprecia colecionar objetos antigos, relíquias e lembranças.

Possui amor e apego pelo velho, por antiguidades, isso é fator que precisa ao longo da vida ir depurando, isto é, precisa aprender a "limpar a casa" desfazendo-se de objetos inúteis, deixando ir velhos pensamentos, sentimentos e ressentimentos.

Muito sensibilizado pela ação lunar que o torna, de certa forma, um ser repleto de ideias e sonhos que pautam sua vida.

Procure evitar entulhar-se de visões da infância ou de amores perdidos...

As suas emoções são fortes, quase um bloqueio físico no qual a alma só pode ficar imóvel, muda, e a frustração é sinal externo desse dilema.

Pode sentir-se emocionalmente faminto, negligenciado e abandonado.

Tende a comer quando a criança interior se sente posta de lado, e de modo muito especial deseja produtos derivados do leite.

O leite materno é a fonte primeira de nutrição que o inconsciente lembra.

Um mundo psicológico influente em virtude do florescer constante de emoções que brotam em seu ser interior.

A Lua tem estreita ligação com a cor branca e com o conceito de inocência (a parte infantil de Câncer).

Os antigos egípcios consideravam o branco como a cor da alegria e podemos também, sob a óptica da religião, considerá-lo como a cor mais sagrada.

Um grande poder primordial de vida

Humanitarismo

A Lua, sua regente, possui polaridade feminino-negativa considerada magnética, emocional e fecunda.

Dessa forma, o jovem herda atributos nesse sentido como seu magnetismo pessoal, sempre atraindo pessoas que precisam de seu apoio, de alguma palavra de conforto, para acolher em seu colo ou ombro amigo.

Um ser fecundo em ideias, haja vista sua imaginação que supera fronteiras imaginárias criativas. E no aspecto mais terreno, traz um potencial muito aprimorado para tratar e nutrir as pessoas.

A influência lunar sensibiliza os sonhos do jovem, que são cheios de emoções, desejos e interesse em participar dos movimentos populares. Nesse aspecto, pode ser representante dos moradores do bairro que reivindica melhorias, reformas e conforto para todos. Pode ser representante da classe na escola ou do diretório na faculdade.

O jovem tem inúmeras virtudes lunares como: imaginação, intuição, popularidade e também outros aspectos como ser portador de crescente inquietação, inconstância na suas ideias e carência afetiva.

O grau de sua vitalidade e de energia depende do seu estado de espírito. Tendências a edemas, sendo o estômago e as vias digestivas seus pontos vulneráveis. As tensões psíquicas e depressões podem ocorrer.

Seus desejos são sempre superiores aos meios de sua realização, pois são todos motivados por inúmeros sonhos que povoam sua mente.

É preciso vigiar-se para não cair na excessiva fantasia, no capricho e na sensibilidade exagerada.

O QUE TODO JOVEM DE LEÃO PRECISA SABER SOBRE SEU REGENTE O SOL

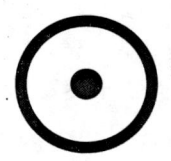

SOL
O luminar da vida

A influência do Sol na vida do jovem leonino

O jovem leonino tem como regente ou comandante o próprio Sol, que na Astrologia é considerado um planeta como os demais astros governantes de signos.

Sendo regido pelo Sol, traz consigo luz, bom humor e alegria de viver. Seu estilo de vida exclui a modéstia e a timidez.

O Sol tem muito a ver com aquilo que você é na sua essência primordial, e as caracterizações astrológicas desse astro de luz têm muito a ver com o leonino.

Suas raízes se originam da essência solar e simbolicamente podemos considerar como um ser proveniente da fonte mais importante do conjunto de astros do Sistema Solar.

O leonino possui um brilho, uma luz que se destaca entre os demais. Sabendo disso, ele quer se mostrar, aparecer, ser o tal.

> *O Sol é a estrela interna de cada um de nós que nos faz nascer pessoas com luz própria, tal como os leoninos que irradiam brilho.*

O brilho não se destaca somente nesse aspecto, ele é poderosamente criativo, artístico e cheio de inspirações.

O Sol tem uma energia altamente voltada para o exterior. Tal qual seu regente, o jovem é cheio de vida, força e luz.

Assim como o Sol, o leonino atrai energeticamente a atenção e deixa sua marca por onde passa. Quer envolver a todos com seu calor, seu carisma e entusiasmo.

Alegrar as pessoas com a luz da sua presença, sua alegria e seu talento. É a celebração da vida em grande estilo e alta qualidade.

Tem muito amor para dar e sabe ser magnânimo como um rei, mas deseja em troca afeição e carinho.

Conhecer o que o Sol representa e quais são suas influências sobre a personalidade do jovem é uma grande ferramenta de autoconhecimento e de sabedoria.

Conceituação astrológica
Dignidades e debilidades planetárias

Domiciliado em Leão: isso significa que ele rege o signo de Leão, estando, portanto no signo astrológico de sua maior dignidade.

Exaltação em Áries: isso quer dizer que nesse signo o Sol fornece um senso forte de identidade, energia iniciadora e criadora. Pode existir grande compatibilidade com os arianos.

Exílio em Aquário: isso importa dizer que sua influência no signo de Aquário é mais diluída pelo espírito humanitário e grupal, e não pelo espírito centralizador e meio ditatorial de Leão.

Queda em Libra: astrologicamente nos reporta a considerar o Sol nesse signo como uma força solar amortecida, mas assoprada pela importância que o outro assume.

O Regente esotérico e hierárquico do Sol é o próprio Sol.

Conceituação geral
Vida abundante

Nossa estrela mais próxima, o Sol, é o centro do Sistema Solar, todos os planetas e asteroides estão atraídos em suas órbitas por sua imensa gravidade. Também atrai visitantes dos mais distantes cantos do sistema, como os cometas. Por bilhões de anos o Sol vem fornecendo luz para a Terra, utilizada pelas plantas verdes como fonte de energia para sobrevivência e crescimento.

Animais herbívoros comem as plantas, animais carnívoros comem os herbívoros, e dessa forma o Sol fornece toda a vida na Terra – incluindo a nossa.

O tempo para orbitar sobre si mesmo é de 225 milhões de anos.

O Sol é um importante agente terapêutico (helioterapia), e desde a antiguidade conhecem-se os efeitos saudáveis dos banhos de sol devido à ação da radiação sobre o organismo. Essa radiação atua como germicida, graças aos raios ultravioleta, produz vasodilatação em virtude de seu poder calorífico, e induz a pele a formar vitamina D, de papel importante no metabolismo do cálcio e do fósforo e na constituição do sistema ósseo.

Os raios solares ativam a circulação sanguínea e aumentam a frequência e a intensidade respiratórias.

Bênçãos celestes

Agraciado pela Luz

Desde a Antiguidade, a adoração do Sol foi realizada em todas as culturas; no Império Romano o deus solar tornou-se oficialmente o seu protetor.

Seus atributos de divindade dispensadora da vida e Senhor da luz foram assimilados pela religião cristã. O cristianismo transformou seus valores para o plano simbólico-religioso, isto é, considerando Sol/Cristo.

Não houve religião pagã que não adorasse o Sol – o grande pai que nutre a Terra.

Na Pérsia, no Egito e na Babilônia adorava-se a triplicidade solar, que no cristianismo foi considerada Pai, Filho e Espírito Santo.

Os persas professavam o mitraísmo; os caldeus e babilônios veneravam o deus Bel; os fenícios denominavam o Sol de Adonai, termo usado pelos judeus que significa "Senhor".

Divindades solares representam o princípio das coisas, a energia e a força criadora; as divindades lunares dão forma ao mundo visível.

Os cultos de adoração solar perderam-se no tempo, consideravam o Sol fonte inesgotável de Poder criativo na natureza concedendo vida e luz que ilumina a escuridão.

O astro era tido como Deus, e considerado como uma forma física da manifestação e representação material do princípio divino que tudo governa em nosso Universo.

O Sol **Apolo** era filho de Latona e Zeus, e tinha como atributo uma extraordinária beleza sendo representado com coroa de loureiro e oliveira. Seu corpo era robusto e sedutor. Com tantos e importantes qualificações, o deus mais parecia como um amálgama de inúmeras divindades numa só deidade. Também foi considerado deus da eloquência, da medicina, da poesia e de todas as mânticas. De beleza perfeita, foi o primeiro vitorioso dos Jogos Olímpicos e simboliza o homem na sua forma mais elevada.

Apolo – o deus brilhante, cuja principal função era aspergir a luz no Universo –, possuía uma face toda radiante, com muito encanto e estonteante beleza. Era cultuado pelos povos primitivos como o princípio da paternidade.

O Sol fala-nos do espírito, da energia, da vitalidade, da honra, da lealdade, da liderança. O Sol é a representação simbólica do espírito que está vibrante no interior do corpo e da mente do homem que aspira a evolução.

O jovem leonino é agraciado pela luz, originada do Sol, que irradia calor que transborda de si para os demais.

Mesmo que o jovem não ostente tão extraordinária beleza física, ele tem dentro de si esses raios que significam beleza espiritual que direciona o próprio espírito divino.

Saiba usar bem seus poderes luminosos de forma a angariar novas amizades e o fortalecimento de laços entres os seres humanos.

Em princípio, seja grato por tudo que trouxe consigo, seja o que for, pois quer queira ou não você é agraciado pela divindade suprema.

O Sol é relacionado a Deus e à criação; assim você deve ser movido espiritualmente para essa figura ímpar na nossa história, que é o Criador de tudo que existe.

O **Arcanjo do Sol é Miguel,** que governa as questões de ambição, carreira e finanças pessoais e o domingo. Ele derrota as trevas com sua espada flamejante.

Sol como uma representação de Deus
Manifestação da espiritualidade

O Sol possui sua ressonância no signo de Leão ao qual estimula o senso de individualidade, a necessidade de ser reconhecido, o anseio de ser, a energia criativa, o EU INTERNO que expressa irradiação do espírito, como a pessoa é (modo de ser) e como percebe a vida.

Inspira também valores espirituais como Verdade, Paz, Amor e Retidão, que são atemporais e fortalecem para viver a vida com lucidez, coragem e confiança.

O Sol é uma representação de Deus – a Inteligência Suprema do Universo, a Luz Eterna e Infinita, assim somos seus filhos, nas formas de "centelhas", "chamas" ou "partículas luminosas", mas também eternas e indestrutíveis.

> *O Sol é a representação simbólica do **Espírito** que está vibrante no interior do corpo e da mente do homem que aspira a evolução.*

A espiritualidade é a aplicação consciente do mais primitivo dos instintos de sobrevivência do homem – é o que faz com que saiba e creia que ele é muito mais do que apenas carne, sangue e ossos, porque pertence ou provém originalmente de algo bem maior e mais complexo do que ele e todos os seres que habitam a Terra.

O ser humano é essencialmente um ser RELIGIOSO, e dessa forma um ser espiritual. Buscar um sentido para o viver e o morrer é uma tarefa sem fim para todos.

Honre seu regente solar
Centelha de vida

Sois o radiante Rei dos Céus, que aquece a Terra com calor e estimula a semente oculta da criação a se manifestar.

Lança sua Luz para iluminar as nossas vidas e despeja seu ouro sobre a Terra, afugenta as forças das trevas.

Sois o mestre dos animais selvagens, mas livres. Os bosques emanam seus poderes e as aves cantam sua beleza.

> *O povo romano chamava-o de deus Sol, derivado de "solus", o Único ou apenas Ele.*
>
> *Jesus dizia ser a Luz do Mundo.*

Sois a colheita, oferece seus grãos e frutas para que possa me alimentar.

Sois o Sol da Criação de milhares de nomes, o espírito astrológico, a colheita infinita.

Sois a centelha de vida, aquele que traz paz e envia seus raios de bênçãos para aquecer nossos corações e fortalecer mente de todos nós.

Motivação solar
Vida em plenitude

O Sol repudia atitudes como fuga da luta, da competição, deixar-se vencer pela inércia na vida, pela apatia e passividade – essa postura não é expressão de viver o seu Sol e muito menos deve ser do leonino. O Sol não cruza os braços à espera do que vai acontecer. Ele não permite estagnação da vida, pois ele é a própria noção de Vida.

O jovem dever ter sempre um projeto de futuro melhor. Não aceitar as circunstâncias que possam influenciar na estagnação do avanço da sua vida. É preciso entendimento de que não se pode sobreviver às peripécias da vida sem que empreenda seu esforço.

O Sol é o impulso de criar, representa a autoexpressão, a consciência, a vontade, a intenção. Tem estreita ligação com a beleza, a doação, o amor: a verdadeira motivação do leonino.

O Sol para o leonino fala-lhe de existir e sentir a plenitude da existência.

O astro contata o jovem com a decisão, a criação, as artes, o modo de expressar a energia criativa, a necessidade de ser reconhecido, o senso de individualidade, poder e autoridade.

Uma das grandes motivações solares é o poder destacado pela autoestima, que faz o leonino usar seu valor e fazer valer sua dignidade. O jovem como representante solar deve lembrar-se que a baixa autoestima desmotiva, deixa de ter garra e se torna um ser hesitante diante das circunstâncias da vida.

Outro aspecto importante que o Sol proporciona, principalmente ao signo de Leão, é a saúde, porém não considerada exclusivamente física e sim como fatores psicossomáticos que integram e interagem, dando ânimo para o perfeito funcionamento tanto corporal como da alma. Assim, a vitalidade se torna uma busca a ser adquirida e conquistada mesmo que as condições físicas não sejam consideradas as melhores possíveis. O Sol vitaliza todo o corpo, o ser em todas as suas dimensões.

O leonino, por excelência, tem ligações astrais com o astro mais importante que o define como herdeiro de intensas forças cósmicas.

O Sol concede sua força e brilho ao signo de Leão, o astro representa a divindade em muitas culturas antigas.

O nativo não suporta ser o segundo, pois o seu lugar é o primeiro.

Leão considera o signo de Touro muito lento, e Escorpião o contempla impassível no umbral de sonhos sutis inacessíveis por Leão.

A energia de Leão e do Sol são forças do ser essencial vencendo sua identificação com os mundos físico, emocional e mental. Tais energias auxiliam esses níveis de personalidade a se alinharem e se integrarem. A energia do amor expressa como vontade inteligente ou boa vontade; a vontade de amar e a vontade de fazer o bem.

O signo de Leão é a vontade de realização sobre o planeta, o espírito da autodeterminação da personalidade, da autoconsciência individual e depois a consciência individual de grupo e o conhecimento do Todo maior e a si mesmo como parte integrada.

Leão está polarizado nos níveis superiores do Plano Astral Cósmico – que é um reservatório de amor. Uma pessoa de Leão pode demonstrar amor abrangente e poderoso, uma pessoa com forte vontade de realização e autodeterminação.

Transmutação difere de purificação, podemos purificar o chumbo, mas ele permanece chumbo. Somente quando transformar em ouro é que o elemento chumbo terá sido transmutado. A purificação está relacionada com a substância de um determinado plano – a transmutação transforma a substância em outra, de um plano superior.

A transmutação por meio do fogo: nossos veículos psicossomáticos adquirem material de qualidade superior. À medida que essa qualidade melhora, aumenta a capacidade de receber e de transmitir fogo e se aproxima do sistema maior do qual está recebendo a energia.

Corpo físico é aprimorado por dietas, luz solar, exercícios e descanso.

Corpo emocional é aprimorado pela obediência à lei do amor.

Corpo mental é purificado quando é utilizado para o bem da humanidade. Quando a personalidade é aprimorada, a luz e a sabedoria do Sol são absorvidas em nosso sistema e irradiadas como serviços aos outros. Quando a natureza da alma está ativa recebe energia que procede do Coração do Sol e irradia sabedoria e compaixão. Pela purificação e elevação do seu nível entra-se em contato com as energias superiores.

O Sol em sânscrito é chamado Atma-Karaka – indicador da alma.

O centro
O mundo gira ao seu redor

Assim como o Sol é o centro do Sistema Solar, o sol astrológico é também o centro em torno do qual gira a própria essência de cada um de nós.

O Sol no âmbito astrológico é o nosso centro espiritual, o reflexo do espírito que se manifesta na matéria para as experiências terrenas.

O grande centro da consciência que com sua força de atração agrega todas as partes da individualidade.

É tido como a verdadeira ação cósmica de coesão, ligação, união, harmonia e coerência – assim, o Sol é o importante astro da unificação e consciência.

Como leonino, a sua tarefa é agregar todas as partes de sua personalidade para que em conjunto e sob a regência solar elas possam atuar harmonicamente.

A nobreza do Sol está na própria noção de vida para o Universo, e em especial para o planeta Terra.

Ter nobreza significa saber acatar, ouvir, respeitar, considerar, avaliar os outros seres tais como são por intermédio do oferecimento de sua mão num chamamento de acolhimento.

A nobreza humana não se refere ao berço de nascimento ou ao nível social, mas ao conjunto de elementos que formam você como verdadeiro ser humano.

Que a iluminação solar mostre seus defeitos e também suas qualidades, enfim todas as suas virtudes que devem ser exploradas nesta vida.

Adora fazer arte e teatro, expressando com exuberância sua criatividade nas mais diversas formas.

Quer estar no palco, sob as luzes, envolto no luxo e desejoso de reconhecimento, realeza, honra e aplausos.

Como um ser especial, pratica atos heroicos e grandes gestos, aspira edificar uma grande obra realizando coisas extraordinárias.

O bom e o mau orgulho
Aprender a distinção

O Sol é associado ao coração, às costas e à coluna vertebral, aos chefes de Estado ou à realeza. O Sol representa o *animus*, a força para atingir os objetivos por intermédio da ação, da iniciativa e da força bruta.

Personifica-se como o herói, o líder, o pai, o marido. Rege tudo que for suntuoso, de grande valor, magnificente, elevado e nobre.

Você, agraciado pela luz e energia do Sol, tem tudo para ir em frente e alcançar suas metas de edificação de uma vida confortável por meio do seu poder de iniciativa e criatividade.

Os reis, governos e as autoridades em geral são representados pelo Sol, Assim como o orgulho, a honra, a dignidade e a lealdade.

Deve aprender a se portar como um herói ou heroína que vence as batalhas mais acirradas com que a vida o(a) envolve.

De suma importância é aprender a fazer séria distinção entre o bom e o mau orgulho. O bom orgulho se reveste de dignidade, de qualidades do Eu Solar que desenvolve dons e os transforma em talentos. Tornar-se o bom profissional incutindo respeito e consideração pela sua postura correta e digna.

Controlar o mau orgulho que o torna como um verdadeiro pavão, exibindo uma faceta de que pode tudo motivado pela arrogância, pois se vê inflado pela idolatria do próprio Ego.

Um herói solar
Uma jornada desafiante

Dentro de você existe um grande herói – desperte-o!

Esse herói precisa agir com lucidez e disposição interna para acolher esse caminho que leva às grandes aventuras e ao sucesso. Sua jornada não está isenta de provas, competições, perigos, sérias dificuldades – tudo isso é suplantado pela força de espírito de um valoroso ser.

O caminho do herói solar parte do chamado interior para ir ao encontro do símbolo maior que floresce dentro de cada um de nós. Nessa jornada movida pelo amor, autoestima, valorização pessoal é necessário vencer os desafios e obstáculos com coragem e sabedoria.

O herói solar vem ao mundo para saber servir, defender, guardar e zelar por esta vida e além dela.

O trabalho do herói solar é dificultoso, mas ao fim os resultados valem realmente a pena e principalmente em face daquilo que se pode orgulhar de ter conquistado com a dedicação e o trabalho desenvolvido.

O EU SOLAR é a integração da personalidade que busca conhecer a profundidade da própria vida. É a luz interna acesa que se transforma numa estrela brilhante.

> *O leonino tende a ser generoso, digno, de alegria transbordante, magnânimo, criativo e leal – qualidades de um verdadeiro nobre.*

A autoestima é expandida, valorizando as partes nobres de si próprio.

É a oportunidade de transcender e aspergir com toda generosidade a luz em forma de amor e respeito aos demais.

Realize com eficácia o seu projeto celeste, espelhado no seu mapa, e dessa forma conseguirá despertar o ser que busca perfeição que habita em si.

Seja brilhante, nobre, cheio de dons e talentos, e muito caloroso para com o próximo. Uma pessoa verdadeiramente iluminada!

Deixe seu Eu Solar se manifestar como um verdadeiro Mestre!

Na verdade, o Sol é seu desafio e despertar o nascer do Sol dentro de você mesmo lhe concede poder de coesão da própria personalidade.

Isso envolve uma jornada que leva ao centro do círculo que abrange todo nosso Ser e de onde, então, podemos irradiar Luz.

Você, leonino, é envolvido por uma força poderosa que o ajuda a elevar-se nas qualificações profissionais, nos dons artísticos, bem como no prestígio social.

Qualificações de valores

Comportamentos

Importantes qualidades solares são a coragem, a dignidade, a generosidade, a liderança e o comando.

Grandes valores astrologicamente lhe são imputados como um razoável sucesso econômico, vivenciar proezas que podem ser esportivas ou até atos heroicos.

Possui um espírito de liderança muito aguçado e aptidões que devem ser exploradas, como excelente vigor físico.

Observe, todavia, aspectos que podem fazer o seu sol deixar de brilhar como o egocentrismo, a tirania, o orgulho. Seja um excelente líder, um guia para os demais, assim seu esplendor espiritual vai se manifestar com intensidade incrível.

<u>Comportamento positivo do jovem</u>: generoso, alegre, afetuoso, magnânimo.

<u>Comportamento negativo do jovem</u>: pretensioso, arrogante, orgulhoso, ostentação, despotismo, exibicionismo.

Pode ser espaçoso, procurando chamar a atenção para que tudo gire em torno de si.

Associações solares
Algumas informações

Particularmente os animais com chifres, como o gamo e o touro, são associados ao Sol. Chifres constituem antigos símbolos da divindade.

Como o felino, movimenta-se com vigor e brilho.

De acordo com o pensamento wiccano, a Deusa e o Deus são os seres divinos gêmeos, expressões equilibradas e iguais da fonte primordial de tudo. Essa fonte inconcebível e incompreensível é a que vem sendo reverenciada por todas as religiões desde o início das práticas espirituais.

As plantas regidas pelo Sol são geralmente aromáticas e as que acompanham o movimento do Sol, como o girassol.

MERCÚRIO
O planeta da medicina

A influência do planeta na vida do jovem virginiano
Um jovem prestativo

Inteirar-se do que significa o planeta na vida de uma pessoa é se inserir nos profundos mistérios cósmicos que permeiam o universo.

Neste livro pode-se conhecer melhor o significado do planeta Mercúrio agindo sobre a vida do nativo.

O jovem mantém um curioso interesse nessa *performance* dos astros e que, se bem aproveitado, pode ser um excelente indicativo para o verdadeiro autoconhecimento.

Na sua simplicidade e humildade, o jovem é detentor de um grande arsenal de possibilidades a ser trabalhado a seu favor e que pode ser oferecido à sociedade.

Sob a tutela de Mercúrio somos inspirados ao conhecimento, à curiosidade e à movimentação física ou intelectual.

Um dos principais astros do sistema astrológico, que é de suma importância na interpretação astrológica.

Mercúrio, como regente do signo de Virgem, está sob a influência do elemento terra, dessa forma, ele se torna mais centrado nas coisas materiais ou do dia a dia. Isso faz com que o jovem seja metódico, cumpridor de tarefas, pontual, responsável e, de certa forma, busque segurança financeira.

Coloca as responsabilidades como prioridade e procura sempre cumprir os compromissos assumidos da melhor forma possível.

Mercúrio torna o virginiano um ser prático, e seu grande diferencial são suas habilidades de organização e de procura da disciplina.

Mesmo que não seja tão organizado é bom saber que uma de suas missões é organizar o caos, a própria vida, suas tarefas, seus hábitos e costumes.

A energia do planeta é dirigida criativamente e com discernimento, além disso, o jovem é motivado pela necessidade de ser prestativo, de servir de forma real e tangível.

Ser útil talvez seja a 'provação' a que o jovem tem que se submeter para se inserir no conjunto dos seres humanos.

O jovem irradia excelente inteligência sem deixar de ter um sentido de humildade e modéstia.

Simplicidade, obediência e servidão são atributos inatos que pautam seu modo de ser e conviver com os demais colegas.

Mercúrio é o planeta ligado à expressão do pensamento que é o impulso para estabelecer contatos, dar e receber, assim como para todas as formas de coordenação.

Mercúrio, no signo de Virgem, torna o jovem organizado, pesquisador, buscador, coletor de informações, analítico, convencional, sistemático.

Nesse aspecto, o jovem pode ter excelentes atributos ligados à coordenação de atividades, projetos, grupos etc.

Mas sob uma aparente calma é hipersensível. Nem sempre o jovem demonstra os sentimentos que existem, sim, e estão bem preservados com certo temor de serem feridos quando expostos imprudentemente.

O jovem tem propensão para se comunicar com lógica e prudência, sempre demonstrando capacidade analítica.

Tem necessidade de discernir entre ideias e de pô-las em sequência lógica a fim de assimilá-las.

A lógica é seu patamar para entender as pessoas, o mundo, as ciências e a própria vida. A compreensão das coisas, dos fatos e dos sistemas é fundamental para que ele possa se sentir mais seguro e estável.

Nutre ideias nitidamente práticas e bem pensadas visando a realizações concretas e utilizáveis.

O problema é que a atenção excessiva aos pormenores pode impedir a percepção de pontos de vista mais amplos e todas as suas interconexões e implicações mais vastas.

O psicanalista suíço Carl G. Jung, no seu livro *Sincronicidade*, apresenta dados comprovando a relação entre o destino humano e a posição dos astros.

Conceituação astrológica
Mercúrio retrógrado

O planeta, da perspectiva da Terra, devido ao fato de girar tão rapidamente parece estar se movendo para trás 3 a 4 vezes por ano, por cerca de 3 semanas em cada período.

O recomendável nesses períodos é evitar assinar contratos porque, de acordo com a tradição astrológica, uma das partes pode mudar de ideia.

No período ocorre certa ênfase nas atividades "re": retorno à loja, renegociação do preço, recusa do cartão, reinstalação.

Um planeta pode dar a impressão de estar parado (ou estacionário) quando está prestes a mudar de direção, para frente ou para trás. Quando o planeta parece ir para trás (a Terra, na verdade, está passando pela sua órbita) nós o chamamos de movimento retrógrado.

Planetas retrógrados recomendam atividades que comecem com o prefixo "re": refletir, reparar, renovar, reescrever, reencontrar, rejubilar, remediar.

Durante o tempo de retrogradação, a energia planetária não se encontra plenamente disponível. Está temporariamente "fora do ar" como medida de precaução, encontrando-se, portanto em aspecto de desequilíbrio com sua verdadeira qualidade e função, e em total defasagem com a intensidade e ritmo vibratórios naturais.

Na astrologia mesopotâmica, Mercúrio estava associado à Nabu (Nebo bíblico), o escriba divino do destino que presidia o conhecimento, a escrita e a ciência. Era mencionado como o administrador do céu e da terra, e tinha outras associações com irrigação e cultura.

Nessa linha o jovem pode ter vasto interesse pela Ciência, de onde costuma extrair enorme fonte de conhecimento.

Como escriba, podemos associar às perspectivas do nativo de desejar registrar, relatar fatos e situações, fazer anotações de tudo que lhe interessa.

José de Alencar pertencente ao grupo de escritores, escultores e pintores cujos nomes foram escolhidos pela União Astronômica Internacional (IAU) para batizar as crateras de Mercúrio. Assim, Alencar faz companhia à: Balzac, Beethoven, Botticelli, Cervantes, Chopin, Van Gogh, Goethe, Michelangelo, Monet e Shakespeare.

Bênçãos celestes
Atitudes purificatórias

O jovem regido pelo planeta Mercúrio procura investir na perfeição, e num sentido místico ou espiritualista essa busca tem conotação com o sentido de purificação.

O senso de perfeição e correção quando excessivo pode ser negativo para o virginiano, que perde tempo e oportunidades com pequenos detalhes.

No sentido "transcendente" tem capacitação para depurar, purificar e perceber o detalhe minucioso, a visão microscópica e a partícula.

Pode sofrer opressão pelo fardo que se impõe a si próprio, recusando qualquer coisa que não seja a perfeição.

Possui potencial para melhorias de rotinas, de processos de trabalho, controle de qualidade, apuração de métodos e processos de produção.

Pode prestar serviço com um espírito dedicado e, às vezes, sacrificado. No sentido purificatório, aprecia pôr em ordem as coisas, inclusive observando a limpeza delas.

> *Um espírito cheio de dedicação aos seus ideais, que geralmente são sempre nobres e visando sempre servir aos demais.*

A alma do jovem está em sintonia com os valores essenciais, o serviço e uma constante necessidade de melhoramento pessoal.

Aqui, no signo de Virgem, podemos associar Mercúrio a Toth, o qual interrogava o coração (considerado a sede da alma de cada pessoa) sobre seus pecados.

O coração era pesado em comparação com uma pluma na balança da deusa da Justiça.

Mercúrio como deus da Medicina
Asseio e higiene

O jovem virginiano possui um sentido profundo de limpeza e asseio, e costuma observar requisitos sérios de higiene. Tem preocupação com qualidade de vida e alimentação.

Interessado na assepsia e nos cuidados para evitar contatos com bactérias, vírus e contágios de moléstias.

Nesse contexto, pode ser sanitarista, pesquisador na área da medicina, bem como desenvolver ou cuidar de produtos antibacterianos.

Pode ter dons para ser excelente químico e até desenvolver ou criar novas fórmulas eficazes.

Na qualidade de médico, pode reunir detalhes do histórico dos pacientes e chegar a diagnósticos apurados.

A saúde, no sentido pessoal, pode ser bem preservada aderindo a dietas naturais.

As partes mais sensíveis do corpo são os intestinos e o sistema nervoso.

Emocionalmente, procura evitar demonstrar seus sentimentos, sejam de tristeza ou de alegria.

Detalhes
Seus grandes dons

O jovem virginiano concede especial atenção aos detalhes. O perigo é negligenciar o quadro geral ou exagerá-lo.

O jovem precisa atentar-se para não se comportar com excessiva timidez, inclusive demasiada preocupação com a saúde.

Seu modo de pensar é analítico, muito crítico, sempre levando em conta o racional e o discernimento.

O jovem pode vivenciar um mundo de tarefas mercurianas como: textos para editar ou contas a apurar e corrigir.

Gosta de aprender novas habilidades e de usá-las para criar formas inovadoras de resolver os problemas.

É pouco apegado às emoções e por isso pode parecer insensível. Prefere analisar os dados antes de tomar decisões lógicas, que por vezes soam impessoais, e muitas vezes pode ignorar os desejos dos outros.

Deusas da agricultura
Virgens aladas

Virgem é associado a diversas deusas da agricultura, principalmente Deméter, padroeira das colheitas que ensinava agricultura à humanidade e era a mãe de Pluto, deus da 'riqueza'. Virgem relacionado à colheita se associa ao constante trabalho duro que o nativo costuma empreender.

Dessa forma, pode se interessar por Agronomia, Engenharia Ambiental, plantio e produção rurais.

A conexão da constelação de Virgem com o trigo e o milho data dos babilônios quando o associavam a uma deusa representada com um ramo de cereais ou a uma espiga de milho.

Já no cristianismo medieval, Virgem passou a ser associado à Virgem Maria.

A representação simbólica clássica do signo é uma virgem alada, portando uma espiga de milho significando a fertilidade e a produção de alimentos.

Quadro virginiano
Verbos e qualidades

VERBOS VIRGINIANOS		
Examinar	Analisar	Discriminar
Sintetizar	Ordenar	Catalogar
Criticar	Arquivar	Selecionar
Compartimentar	Otimizar	Aperfeiçoar
Racionalizar	Qualificar	Sacrificar
QUALIDADES		
Discrição	Polidez	Empenho
Seriedade	Compreensão	Observação
Timidez	Quietude	Dedicação
Lealdade	Disciplina	Pureza
Engenhosidade	Habilidade	Método

Talentos
Discipiina e cautela

Herda de Mercúrio dons e talentos para atividades manuais, como artesanato e outras manifestações práticas artísticas. Também recebe qualificações mercurianas como inteligência, curiosidade, versatilidade e habilidade diversas.

Pode ser portador de dedicação toda especial a causas ou pessoas por meio de cuidados, devoção e comprometimento.

Mercúrio no signo de Virgem ajuda a desenvolver no jovem as oportunidades de aprendizado que lhe outorgam mecanismos de controle, aperfeiçoamento técnico e competência.

O jovem tem propensão a adquirir grande senso de responsabilidade, discernimento apurado, disciplina e autocontrole.

No aspecto financeiro, pode ser hábil manejador do dinheiro que pode levá-lo a prosperar, acumular bens e se pautar por um equilíbrio financeiro. Não costuma ser esbanjador.

Seu temperamento ligado ao elemento terra, favorece para que tenha cautela, desconfiança, reserva e segurança.

O planeta é associado às atividades cerebrais, à computação intelectual e ao conhecimento lúcido.

Tem regência sobre o cérebro, o sistema nervoso e o respiratório.

O jovem aprecia decompor, regular, disciplinar, fazer regras e organizar. Pode ser um excelente profissional na área de produção, análise de sistemas, ou tudo que depender de detalhes, lógica e racionalidade.

Pode se dar bem nas áreas de saúde, laboratórios, biologia e áreas ambientais.

Alma gêmea
Cavalheirismo

O jovem aprecia a pontualidade, portanto esse seria um comportamento que lhe agrada.

Por ser terra, precisa de alguém que o ajude a relaxar.

Aprecia todas as sutilezas.

Quer que seus gestos de carinho sejam valorizados.

Pode parecer não romântico, mas sabe, no fundo, ser um excelente cavalheiro.

Apesar de ser um crítico ferrenho, nem sempre aprecia receber críticas.

Aprecia pessoas trabalhadoras, que se dedicam com afinco às tarefas e saibam ser discriminativas nas atitudes e nos comportamentos.

Deve-se levar em conta que o virginiano é uma alma contida e muito exigente consigo mesmo e com os outros, e guarda para si as emoções e desejos.

O jovem não tende para gestos muito espontâneos ou vibrantes, sempre se apoiando na discrição.

Prefere relacionamentos mais duráveis e constantes, necessita ser amado, porém não demonstra seu desejo. Seu amor pelo outro se manifesta em fidelidade, constância e na necessidade de ser útil e eficiente nas pequenas coisas do cotidiano.

Sutilidades do signo

O signo de Virgem, astrologicamente falando, representa a diferença que existe entre as coisas, é a distinção que elas possuem entre si, no que elas são distintas umas das outras. É a variedade de coisas, mas elas ainda não estão em ordem. Virgem pode ter capacidade de discernir as diferenças e pôr em ordem essas diferenças.

São essas diferenças que levam o jovem a procurar organizar as coisas de acordo com suas características e conteúdos.

Possui um espírito cético e científico, precisa "ver para crer" é considerado o São Tomé do Zodíaco pela sua incredulidade.

Em virtude da sua proximidade solar e velocidade, essa energia está sujeita a flutuações frequentes e irregulares. Tanto que Mercúrio como regente de Gêmeos concede ao nativo inconstância. Para o jovem virginiano esse conteúdo planetário lhe dá o poder de maleabilidade, tanto que é considerado um signo mutável.

O planeta corresponde aos contatos primários com o mundo externo, o impulso para adquirir conhecimentos e comunicá-los.

O virginiano tem menos necessidade de ego do que outros signos do zodíaco, e muitas vezes prefere trabalhar sob as ordens de outra pessoa.

O planeta Mercúrio tem afinidade com a mente, particularmente aquela que faz interface com o mundo exterior – percepção, razão e comunicação.

O jovem é trabalhador, educado, persistente – atributos que valorizam seu caráter e que o levam às realizações materiais bem-sucedidas.

O QUE TODO JOVEM DE LIBRA PRECISA SABER SOBRE SEU REGENTE VÊNUS

VÊNUS
O planeta dos relacionamentos

A influência de Vênus na vida do jovem libriano
Requinte e sofisticação

Você tem estreita ligação astrológica com o planeta Vênus, e ao nascer trouxe em sua essência atributos e características venusianas.

Tais designações são o que na verdade seria esperado de uma pessoa requintada e de bem com a vida.

A astrologia ao longo do tempo, atenta aos movimentos do planeta e por suas condições celestes entronizou-o nesse signo, onde detém régio poder.

> *Espírito amoroso, cheio de vida e senso apurado do próprio belo em toda a sua plenitude.*

O planeta gera em essência qualificações superiores às simplesmente mundanas e grosseiras, pois ele afeta o espírito amoroso e sensível do nativo.

Como afilhado de Vênus, você possui potencial de inspiração para a criação da beleza, seja por intermédio de obras de arte, pessoais ou decoração de interiores de apartamentos e residências, locais de bufês e festas.

Pode se tornar um artista naquilo que se propuser a realizar, sempre levando em conta que deve depositar muito amor a tudo o que produzir.

Podemos com toda a liberdade atribuir ao jovem o título de "fazedor de arte" quando o nativo realiza a beleza artística. Assim, o nativo procura concretizar seus ideais de estética e de arte satisfazendo a poderosa deusa Afrodite/Vênus.

Simbolicamente, as deusas do amor são sua maior inspiração e fonte de conexão e entendimento de seus propósitos como ser humano.

A influências cósmica do planeta Vênus torna-o afável e admirador de um ambiente pacífico e equilibrado. Decididamente, você tem uma propensão toda especial para ser um jovem querido e amado por todos.

Alegra-se com as coisas belas como pintura, escultura, roupas e objetos de decoração e adorno. Tem um cuidado todo especial com seus trajes, no que concerne a um estilo próprio e bem definido com relações a cores que aprecia.

Seja o artesão de um mundo belo e cheio de inspirações.

O libriano é capaz de compreender as diferentes formas de pensar dos outros, e de conjugar essas diferentes formas para chegar a uma realização comum.

Vênus como regente de Libra proporciona diplomacia, bom gosto, estética, ponderação e senso de comparação.

Conceituação geral
O planeta da harmonia

Na mitologia é a deusa do amor. Os gregos a representavam como a deusa Afrodite, com os cornos do touro sagrado.

Homenageia a deusa romana do amor e da beleza. Teria esse nome porque era o que mais brilhava quando observado por astrônomos da Antiguidade.

Associado com a harmonia desde a mais remota Antiguidade, tem sido assimilado a divindades femininas como Afrodite e Vênus.

Representa a mulher núbil e esposa perfeita, o casamento, a vida conjugal, o amor e seus devaneios, as aventuras sentimentais, os enfeites e o erotismo.

É o segundo planeta mais próximo do Sol, com duração de 117 dias da Terra, período de rotação no próprio eixo de 243 dias da Terra e tempo de uma órbita (ano de Vênus) de 224,7 dias da Terra.

Exaltação em Peixes: a enorme sensibilidade desse signo amplia ainda mais o senso estético e a dedicação ao próximo. Amor mais criativo, compassivo e desinteressado ou acréscimo de percepção ou valores artísticos. São qualificações atribuídas ao pisciano.

Exílio em Áries: nesse signo sua influência se apega pela força do "eu". O amor torna-se egoísta e impulsivo, o dinheiro pode ser rapidamente ganho e gasto. Estando nesse signo, o planeta Vênus influencia a tribo ariana a vivenciar o amor de uma forma mais tempestuosa e até passional.

Exílio em Escorpião: estando nesse signo repercute no amor passional, podendo ir à destruição, mas também à sublimação e à aquisição financeira, Pode ir desde o desejo compulsivo ou ao inteiro desapego. O signo é caracterizado pela dureza de caráter e pela necessidade de transformação das coisas.

Queda em Virgem: onde a visão e o apego à minúcia fragmentam a visão do todo dificultando a busca da harmonia. O amor mostra-se crítico e analítico. Nesse signo, o planeta tem dificuldade em expressar seu lado mais amoroso de forma ostensiva.

Para dar nomes a regiões de Vênus, assim chamado em homenagem à deusa da beleza, a entidade União Astronômica Internacional (IAU) preferiu escolher nomes de personagens femininos, como Cleópatra, Maria Callas (cantora lírico americana). Anna Magnani (atriz italiana), Isadora Duncan (bailarina americana) e Simone de Beauvoir (escritora francesa).

A linha do tempo venusiana

Há 3600 anos, registros astronômicos na Babilônia mostram aparições de Vênus.

Há 3500 anos, babilônios antigos consideram Vênus uma das "estrelas" mais brilhantes.

Há 2500 anos, na Grécia Antiga, acredita-se que Vênus são dois planetas diferentes, com dois nomes – Fósforo ao amanhecer e Héspero à noite.

Há 2000 anos, observadores chineses antigos se referem à Vênus como "Estrela de Metal".

Bênçãos celestes
O planeta benéfico

O planeta tem estreita conotação com a proteção celeste e elevada ajuda, porém o grande atributo é sua expressão do afeto encarnado no ser humano.

O jovem tem uma aura de delicadeza no trato com as demais pessoas que o eleva no conceito de boa educação.

Podemos ter a liberdade de dizer que num sentido mais esotérico é um anjo celestial, um príncipe da luz astral.

Como bênçãos celestes, Vênus inspira paz, amor, senso de harmonia e equilíbrio, o dar e o receber, a partilha, a doçura, o charme, o refinamento, a estética, a beleza, a graça, a alegria de viver e a festa.

Ao jovem libriano confere graça, talentos artísticos e busca de vida sentimental prazerosa, recheada de amor e afeição.

Apreciação do prazer, da felicidade, da boa vida e tudo que inspira requinte e deslumbramento.

O jovem é abençoado com sua tendência a conciliar, interessar-se pela justiça e concórdia.

Quer paz! Nesse sentido, busca ser verdadeiro diplomata. Sim, procura de tudo para que impere a harmonia entre as pessoas.

Sabe ser leve, elegante e delicado nos seus comportamentos e no trato com os demais.

Abençoado com o senso de estética, onde procura colocar o belo como indicativo de sensibilidade e afeição.

Espírito amoroso, cheio de vida e senso apurado do próprio belo em toda a sua plenitude.

Vênus se apresenta em grande parte de nossas atividades cotidianas como nosso sentido de bem-estar, os negócios e o dinheiro.

Possui grande sensibilidade às artes em geral, pois sabe apreciar o belo em todas as suas manifestações.

O planeta num sentido espiritual demanda de nós que sejamos gratos por tudo que recebemos de Deus, simbolizado por este "*Pequeno Benéfico*" astrológico.

O planeta do amor

Relacionamentos

Na antiga Mesopotâmia a deusa Isthar controlava a guerra, a prostituição sagrada e o amor.

De longínqua data, o planeta Vênus tem regência sobre o romance, os casos amorosos e a vivência entre o amor e a guerra.

O jovem tende a acalmar os ânimos pacificando divergências conflituosas.

Vênus é associado à capacidade de amar, aos indicativos astrológicos sobre o namoro, o casamento, os amantes, as uniões.

O amor pode ser representando também na arte, na estética e em todos os parâmetros de beleza.

O atributo do amor pode ser expresso pelo libriano no convívio com as pessoas ou no seu romantismo inserido na arte, na poesia e na literatura.

Nos relacionamentos, a polaridade feminina do planeta nos sintoniza com os impulsos de aproximação um com o outro.

Vênus é considerado o planeta da atração, principalmente de coisas boas e que satisfazem os desejos do homem como dinheiro, posição social, amizades e o amor propriamente dito.

O signo venusiano se localiza no ponto médio do Zodíaco, o que se reflete no nativo pela busca do equilíbrio – que é um dos importantes princípios de Vênus.

Vênus outorga atenção aos relacionamentos de forma abrangente, sejam amorosos, afetuosos, comerciais ou de amizades.

O libriano aspira que as relações interpessoais sejam sempre reconciliadas, superando divergência e diferenças.

Vênus é a concepção intelectual do amor. O amor venusiano se inicia na cabeça, no pensamento, no interesse, e não exclusivamente nos verdadeiros sentimentos.

O simbolismo de Vênus tem dois aspectos – um ligado ao amor e outro relacionado com a atração sexual.

No primeiro caso, é a representação do amor como força de coesão, de harmonia e de beleza, conferindo capacidade para a beleza e a estética; no segundo, apresenta a impulsividade, as tendências passionais, a atração pelo luxo e pela sensualidade.

Compartilhar
Necessidade de complemento

O jovem libriano, motivado pelo seu regente cósmico, procura o seu complemento por intermédio do outro. Precisa de companhia para compartilhar seus ideais e suas ideias.

Precisa associar-se em parecerias, sociedades, equipes ou matrimônio – aspira à aproximação com as pessoas.

Como balança, pondera todos os ângulos de uma situação. E nos moldes da balança, tende a oscilar e colocar em dúvidas suas decisões, daí pode se sentir "dividido" gerando indecisão no seu posicionamento.

O chacra do coração rege o fluxo de energia do amor e se relaciona com o planeta Vênus.

Estando bloqueado ou excessivamente tenso pode acarretar problemas nos relacionamentos ou sensação de carência afetiva.

Relacionamentos rompidos de forma traumática muitas vezes deixam feridas abertas no coração, que enquanto não curadas afetam os relacionamentos subsequentes e a habilidade de dar e receber o amor seja de qualquer natureza, como o amor da família.

Faz questão de estar em ambiente harmônico. Está sempre em contato com seus sentimentos e com os das pessoas a sua volta.

Simpático, tende a se relacionar bem com os outros e gosta de fazer e receber elogios.

Justiça seja feita!
Equilíbrio cósmico

Desde o Antigo Egito fala-se na justiça cósmica, em que Toth pesava o coração dos mortos contrabalançado por uma pluma da deusa Maat (que personificava a justiça e a verdade).

Se a alma estivesse contaminada pelo pecado, a balança se inclinaria.

O jovem libriano persegue uma senda desejoso que haja justiça séria e imparcial.

Aspira com grande dedicação aos valores onde a justiça seja aplicada na sua forma mais justa possível, e que os princípios e regras do direito sejam devidamente observados para que o equilíbrio jurídico seja alcançado.

Nesse envolvimento, resultariam excelentes advogados, defensores públicos, estudiosos do Direito e suas implicações.

Portanto, o signo em conexão com o planeta Vênus (que instaura a justiça como uma das faces da beleza) tem a semente cósmica do apelo ao verdadeiro Direito Divino.

Sem a Justiça, o Universo mergulha no caos.

O jovem é inspirado a se interessar pela elaboração de contratos em geral e também a ser produtivo negociador em todos os campos.

A balança, como simbolização, representa a compreensão adequada do homem e seus conflitos.

Inspira o entendimento entre os seres e as situações que os mesmos criam.

Mede as consequências para tentar não lutar e perder as oportunidades. Pode se sentir insatisfeito por não saber ceder e, por outro lado, não saber doar.

Aprender a usar a espada e a lutar por si próprio.

O belo e o charme

Graça e refinamento

O planeta Vênus, para o libriano, oferece a apreciação de tudo que é belo, gracioso e encantador.

O astro, no aspecto astrológico, representa como amamos o mundo criando arte e beleza, o que amamos e como amamos.

Assim, o jovem tem um crescente sentido de encantamento para a beleza em todos os seus meandros.

Vênus, como planeta do libriano, imputa ao jovem um charme fascinante que seduz e instiga.

Esse charme pode ser usado para se tornar um modelo profissional, um artista ou um verdadeiro conquistador de corações.

Em Libra, Vênus esbanja doçura, graça, refinamento e alegria festiva.

Uma visão geral de Vênus permite reunir atributos como a atração, a sedução, o prazer, os sentimentos e as sensações benfazejas.

Sob esse baluarte de qualidades, o libriano é dotado de grande poder atrativo que inspira e seduz de forma toda especial.

Coloca o nativo sob as afinidades da vida social, do sexo, do desejo de ostentar adornos, do dinheiro e das posses que lhe conferem uma vivência plena em sociedade.

Dessa forma, o jovem atrai e seduz em sintonia com os sentimentos e a sensualidade.

A ação de Vênus nos reporta ao requinte e refinamento, tanto nas atitudes quanto nos gostos.

Quando o jovem se extasia, se fascina, se surpreende e se emociona diante do belo está certamente utilizando atributos do seu planeta regente.

Talento artístico, de harmonia, ritmos, formas, sons, cores e senso estético. Busca harmonizar os detalhes, buscar o equilíbrio nas coisas.

Curte fazer coisas bonitas, envolvendo-se com a estética e o amor que coloca em suas dedicações.

Comportamentos

Indecisão

Positivamente, gera impulso para associações harmônicas, um procedimento amistoso, gentil e suave, tato, habilidade no amor e nas artes, alegria.

Fomenta flexibilidade, caráter reconciliador, entrega, capacidade de abrandar e acalmar a rigidez.

O planeta na atuação negativa gera indecisão, negligência, falta de praticidade, dependência nas parcerias, entrega aos sentidos, voluptuosidade e preguiça.

O jovem libriano é comparado ao anfitrião perfeito, com *glamour* e charme, que confere qualificações para haver compartilhamento de ideias e ideais.

Sua função astrológica venusiana é instaurar harmonização e equilíbrio entre as partes.

Nesse sentido, pode ser um bom juiz, um bom pastor, um excelente advogado que insiste pela justiça.

Delicado, pode ser um perfeito diplomata que sabe atuar com as divergências e as intermediações.

Sua estratégia se resume no uso do seu poder de amabilidade e gentileza.

Dotado de bom gosto, maneiras diplomáticas, afabilidade e anseio de sociabilidade. Como afilhado de Vênus, tem interesse em tudo que seja considerado refinado.

O planeta gera no jovem uma desvinculação de impulsos agressivos como contendas, brigas e lutas. Seu grande ideal é de que tudo seja como verdadeira oferenda.

Pode também voltar-se para o comodismo e desejar ser constantemente mimado.

O jovem libriano acha que vai magoar os outros ao dizer "não", e assim prefere dizer "sim" e deixar de lado os seus próprios interesses.

Vênus é o impulso do jovem para a sua socialização e os primeiros contatos afetivos.

Sob o embalo do planeta tem elevado gosto pelo prazer, a criatividade e a habilidade artística.

Herda importantes virtudes venusianas como associações harmoniosas, amabilidade, bom senso e desejo de serenidade.

Na busca pela imparcialidade está sujeito a demonstrações de indecisões que atravancam processos decisórios.

Num mundo de beleza e de conforto pode pender para a negligência, dependência, hedonismo e comodismo.

Vênus é associado à capacidade de amar, à região lombar no corpo humano, à garganta e aos rins; à paratireoide, às sociedades, à influência feminina em ambos os sexos.

QUE TODO JOVEM DE ESCORPIÃO PRECISA SABER SOBRE SEU REGENTE PLUTÃO

PLUTÃO
O Planeta da transformação

A influência do planeta na vida do jovem escorpiano

O planeta que rege o escorpiano é Plutão e esse fato confere ao jovem muita facilidade para chegar à essência dos fenômenos e situações, o que o torna ideal para assuntos e atividades que exijam observação e pesquisa.

O jovem aprecia a profundidade em todas as questões que aborda para descobrir a essência ou o que está por trás das coisas.

O plutoniano pode ser um eficiente cirurgião e até astrônomo ou alguém voltado para muitos tipos de cura.

Possui um carisma especial que envolve as pessoas e talvez esse atributo possa ser-lhe útil se bem utilizado.

Interiormente brota sua capacidade de atravessar fronteiras e fazer contato com experiências sombrias, o lado negro da vida. De qualquer maneira, são experiências que ajudam a elucidar os mais diferentes aspectos que envolvem as pessoas e o próprio mundo.

Pode ter uma queda para assuntos que envolvam morte, mistério, vida nova e todos os tabus que cercam a humanidade.

Plutão tem como símbolo a fênix que renasce das próprias cinzas representando a transformação.

Por meio de seu envolvimento emocional, pode se contatar com as dores alheias e ser bom conselheiro para os angustiados, aqueles que sofreram perdas inestimáveis.

Vive todos os momentos com muita tensão, intensidade e vontade de dominar os que o cercam para que também possam compartilhar dessa avalanche de sentimentos que brotam do fundo do seu Eu.

O nativo sente-se à vontade diante do perigo e com possibilidade de sair incólume de qualquer situação.

Talvez isso seja fruto de seu lado que quer vencer a morte, sobrepujar ressurreto acima dela como um ser triunfante.

Nutre um impetuoso interesse por experiências que amedrontam, mas age como se o perigo fosse irrelevante, com uma intensidade alarmante para enfrentar o desconhecido sem receio.

Todas essas experiências psicológicas servem para fortalecer o jovem diante dos desafios que vai encontrar no decorrer da vida. Diante disso, poderá até ser considerado sangue-frio.

O termo "zona de conforto" pouco significa para o jovem. A curiosidade e a aventura o levam a fazer descobertas fascinantes. Interesse em desvendar mistérios, situações para que a luz da verdade venha à tona iluminando caminhos.

Poder de aprofundamento
Lições marcantes

Plutão é considerado o princípio da transformação e ele acrescenta uma dimensão mais profunda e intensa a tudo que toca.

O planeta que rege o signo de Escorpião é um dos mais "fortes" no sentido de levar a mudanças e todo tipo de transformação.

Confere poder e domínio, daí a possibilidade de o jovem alcançar cargos de chefia, de comando e ter um grande foco do que cada pessoa realmente significa para ele.

O planeta ajuda a enfrentar medos subconscientes do jovem, mas muitas vezes pode preferir distância de aspectos negativos da vida, ignorando-os ou adiando enfrentá-los.

Plutão inspira a ser um jovem de valor, de ideias que venham a transformar a vida social se bem direcionadas. Possui fortes e poderosas ideologias que podem ajudar a construir uma sociedade melhor.

Emocional, intenso, vive a vida com muita ânsia e vontade de ultrapassar limites que o levam a vencer a si próprio.

O âmago das situações é o que lhe interessa, para daí poder saber utilizar essa "essência" em toda sua plenitude. Não aprecia ser superficial nos conhecimentos, nos estudos e nos relacionamentos em geral.

Quer se aprofundar em tudo, inclusive nos aspectos amorosos donde pode até sofrer decepções amargas, mas que na verdade sempre são lições valorosas para alicerçar sua personalidade.

Personalidade forte

Manipulações

Plutão torna difícil evitar e negar os problemas que é preciso enfrentar. Seu ciclo provoca, alimenta e depois debilita as obsessões.

Tanto é a vontade de penetrar na profundidade das coisas ou situações que isso pode ser tornar um fato obsessivo.

É preciso vigiar até onde deve encarar as situações e até onde é capaz de dominá-las ou controlá-las. Não deve simplesmente se envolver em situações perigosas para demonstrar que pode tudo vencer. Precisa ter plena cautela de que o perigo existe em toda parte.

Um jovem com personalidade forte e com inteiras chances de vencer os tropeços que se apresentam na vida. E também pode servir de exemplo aos demais no aspecto de conseguir superar as mais diferentes provações.

Suas paixões resultam em apego e ciúme, e o ressentimento pode originar a vingança. Quem decepciona um jovem escorpiano deve se atentar para o risco que corre.

Uma tendência a descobrir segredos íntimos, desde casos pessoais até mistérios do universo.

Possui um forte senso erótico e sensual, e é muito ciumento.

Plutão insere no nativo o desejo de controle e a manipulação das circunstâncias, tem estreita ligação com a obsessão. Assim, o escorpiano tenta controlar, manipular ou obcecar as pessoas que até muitas vezes julga amar.

Morte e renascimento
Processos de transformação

Os domínios de Plutão abrangem tudo o que mais tememos e procurarmos evitar. Seu satélite, Caronte, é a figura que transportava os mortos através do rio Estige.

Mesmo que o jovem passe por uma mudança radical, percebendo que está prestes a perder tudo, ele sabe e sobrevive porque vê essa fase como uma oportunidade de recomeço, purificação e em melhor forma que antes.

A insegurança vem do medo do que poderá acontecer a seguir, do futuro incerto. É preciso deixar de ser escravo do futuro (e também do passado) quando convivemos conscientemente com a insegurança a cada momento.

Pensar dessa forma exige uma atitude de coragem, pois o que mais prezamos parece estar em jogo, porém, ao enfrentar todas as "pequenas mortes" da vida e aprender a renascer, o jovem tornar-se mais confiante e livre.

Possui uma rara capacidade de sobrevivência em condições físicas ou psicológicas extremas.

Uma das formas mais comuns de morte é pensar que não há mais horizonte a não ser o cotidiano instituído: a mesma casa, o mesmo trabalho, a mesma padaria, os mesmos rostos, as mesmas lágrimas.

Plutão está relacionado com os processos de morte e renascimento, representa os ciclos da vida, o processo evolutivo da alma que impede a estagnação.

O símbolo mais famoso de renascimento, ligado a Escorpião, é o da fênix que ressurge infindavelmente das próprias cinzas, cuja lenda teve origem em Heliópolis, antigo centro egípcio de culto ao Sol.

A fênix era um pássaro de longevidade miraculosa, 500 anos ou mais; no final desse período construía um ninho com ervas aromáticas e, ateando fogo ao ninho, imolava-se, renascendo três dias depois. A ave ressuscitada levava as cinzas do seu corpo da encarnação anterior e o ninho até Heliópolis, onde os ofertava no altar ao Sol.

Inicialmente, a fênix era um símbolo de desaparecimento e ressurgimento cíclicos, tornando-se imediatamente um emblema da ressurreição humana, evoluindo também para incluir a ideia do espírito humano insuperável diante dos desafios.

Nas moedas romanas, a fênix simbolizava o império imortal. Aparece também nas esculturas funerárias do cristianismo primitivo como símbolo da ressurreição de Cristo e da vitória sobre a morte.

Na iconografia medieval, representa a natureza divina de Cristo, geralmente junto com um pelicano, símbolo da natureza humana.

Na alquimia, remete ao fogo purificador e transformador, ao elemento químico enxofre.

Plutão, deus dos infernos
Planeta anão

A descoberta de Plutão, em 1930, mudou nossa relação com a Terra, pois adquirimos o poder de destruí-la. A energia nuclear levou à corrida armamentista nuclear.

O planeta recebeu esse nome porque, como o submundo clássico, é um lugar distante, escuro e frio. Hades era o deus do submundo na mitologia grega, e seu nome também era aplicado à terra dos mortos. Talvez porque os metais preciosos e os minerais venham do subsolo, os gregos também o chamavam de Ploutos, de *plouton*, "riqueza", de onde surgiu o nome romano, Plutão.

Senhor da morte e do inverno, era um deus taciturno e ameaçador, porque a morte é inevitável e o inverno sempre traz a promessa da primavera.

Poucos que entraram nesse reino retornaram, com exceção de figuras heroicas como Hércules, Perséfone, Orfeu e Enéas, que enfrentaram e venceram horrores penosos e sobrenaturais.

Em 2006, a União Astronômica Internacional (IAU) considerou que Plutão não era um planeta. Assim, colocaram-no na nova categoria denominada "planeta anão".

Porém, para todos os efeitos, Plutão astrologicamente ainda é considerado um planeta como os demais.

Bênçãos celestes
Vivência com o plano espiritual

O escorpiano é agraciado por três estágios evolutivos: da serpente, do escorpião e da águia.

No nível serpente, os atributos são do plano inferior, como a víbora rastejante que ataca violentamente e é venenosa.

No estágio escorpião, o animal se suicida quando não vê a possibilidade de escapar e fugir da situação.

Mas ele pode atingir o patamar mais elevado, o da águia que voa a grandes alturas chegando a elevadas posições e que possui uma visão aguçada.

Na tradição cristã, Escorpião representa a tentação no Jardim do Éden.

Possui potencial para desenvolver um contato poderoso com o divino e o sobrenatural aliando poderes misteriosos que traz consigo que auxiliam numa conexão com o mundo desconhecido.

A esse espírito religioso pode-se aliar sua capacidade de 'penetrar' no próprio inconsciente e daí tirar poderes curativos, intuição, conhecimentos místicos e esotéricos que traz guardados.

É abençoado pelo conhecimento do dom da vida e da morte. Conhece as duas fronteiras com muita propriedade.

Tem o poder de 'ler' o que se passa na alma do outro, e dessa forma pode estimular a cura psicológica das pessoas.

Um contato com o plano espiritual e uma religiosidade pessoal que favorece seus vislumbres de vida e ajuda a superar a grande maratona das dificuldades que se apresentam na sua existência.

Plutão está relacionado ao ciclo evolutivo da alma, que impede a estagnação.

Entre a luz e a sombra

Harmonização de extremos

Plutão leva a pessoa a um mergulho na escuridão, ou nas profundidades interiores onde o lixo se expõe e se encontra pronto para ser eliminado seja num nível psíquico ou físico (momentos de intensa atividade plutoniana são marcados por cirurgias).

O indivíduo que renasce de um intenso processo plutoniano é como se fosse ejetado por um túnel escuro emergindo em plena luminosidade, num nível psíquico usualmente acima de onde se encontrava anteriormente estagnado.

Deixou para trás a velha casca, assim como a borboleta que abandona seu velho corpo de lagarta.

E esse indivíduo renascido é como a borboleta recém-metamorfoseada, pronto para novos voos, numa nova vida que se inicia. É a luz que se apresenta. Assim, alternando escuridão e luz, serpente e fênix, Plutão simboliza o eterno ciclo de mortes e renascimentos, seja em que níveis se queira considerar.

É por isso que os efeitos do planeta costumam ser bastante temidos por aqueles que se aferram ao 'status quo'. A vida jamais será a mesma após certas fases plutonianas, levando a pessoa a encontrar-se com sua própria sombra, para que se possa reconhecê-la e incorporá-la.

Esse simbolismo está expresso no mito de Plutão, o "Senhor das Trevas", o deus que governa as profundezas, o inferno mitológico (Tártaro), mostrando sua ligação com o mundo das sombras. E, se remontarmos a própria órbita do planeta, vamos observar que se tomando a Terra como ponto de observação, todos os planetas (inclusive a Lua) têm seu plano orbital aproximadamente sobre o plano da órbita aparente do Sol, denominado eclíptica, com pequenas variações para cima e para baixo, o que torna o sistema solar aproximadamente um conjunto plano.

A exceção de Plutão, cuja variação latitudinal de aproximadamente 18 graus (para cima e para baixo do plano eclíptico) faz dele uma peça estranha: atinge a mais baixa profundidade (associada à escuridão), assim como a mais alta elevação (associada à luz).

A escuridão não é tão ruim, nem a luz tão boa assim; ambas são a mesma coisa, já que uma não poderia existir sem a outra. Não há luz sem que haja o contraste da escuridão, e vice-versa. Essa é a aparente contradição entre luz e sombra e o derradeiro dilema do homem na busca de sua unidade perdida ao nascer, quando passamos a separar a vidas em dois polos: o bom e o ruim, o quente e o frio.

Nessa alternância entre polos de sombra e luz, Plutão nos imprime as mais fortes sacudidelas, fazendo com que vivamos intensamente nossas contradições – os nossos 'pecados' –, para que possamos nos redimir.

Nesses momentos, aqueles que gostam de separar a vida em bem e mal, em bom e ruim, poderiam dizer que estamos sob o domínio de Satanás. No entanto, é por intermédio da profunda transformação e tomada de consciência que essas sacudidelas nos imprimem que um dia finalmente retomaremos a nossa unidade perdida, onde as contradições se dissolvem, os polos se harmonizam e a escuridão e a luz se fundem no vazio.

O jovem plutoniano não conhece meios-termos, simplesmente é um apaixonado, obstinado por tudo que inspira sua vida.

Sedução e mistério
Passionalidade

Seu famoso olhar penetrante consegue descobri coisas que passam despercebidas para a maioria das outras pessoas.

É muito focado quando tem objetivos, aos quais costuma se entregar intensamente.

Pode ser um verdadeiro contestador, sendo assim, crítico e observador. Um ser determinado, traça estratégias e busca sempre ter o controle da situação.

Pode ser portador de recursos emocionais e intelectuais apreciáveis.

No amor, é um ser passional, jamais esquece ou perdoa uma traição. Vive tudo muito intensamente, sendo sedutor e misterioso. Pode se tornar um amante inesquecível.

Aprecia investigar os detalhes e procurar descobrir os motivos ocultos e inconscientes de tudo e de todos.

Pode ser muito competente naquilo que se propor a fazer, valoriza a autonomia e sobretudo exercer poder sobre os outros.

Um dos segredos do escorpiano é a possibilidade de ter um futuro desconhecido a ser explorado. Portanto, a ideia de que tudo que havia para ser conhecido em sua vida já o foi é, seguramente, uma forma de morte em vida.

A vida profissional, no mundo contemporâneo, carrega muito mais significado de que "mero" ganho material, uma vez que passamos a maior parte do tempo envolvidos com ela.

Morrer em vida é, seguramente, se afogar em rancor, inveja, covardia. Afetos esses que, facilmente, se constituem em razões para conter o impulso do repouso na morte.

Na verdade, Plutão ainda é um grande enigma para a maioria dos astrólogos. Ele representa uma força estranha, um tanto destrutiva e em parte desconhecida.

Está relacionado com o poder atômico, favorecendo mudanças drásticas, descobertas de cunho técnico e exigindo que se saiba lidar com essa energia planetária para que não cause danos.

Plutão atua destruindo para que se possa reconstruir. Favorece as ações que requeiram entusiasmo e uma nova visão dos fatos, nos impulsiona para transformações profundas.

O planeta exerce influência sobre tudo aquilo que exige energia, as ideias originais, o pioneirismo, os assuntos relacionados à energia nuclear e as transformações radicais.

O jovem sob o impacto de Plutão costuma ser dedicado e fiel, embora não aprecie admitir ou expressar claramente seus sentimentos.

Isso seria o mesmo que perder o controle das situações afetivas ou de quem passa a amar.

Um ser ciumento, que nem sempre admite ser, tende a ser passional nunca esquecendo ou perdoando uma traição.

Viva a vida com paixão e profunda intensidade, nada para ele deve ser superficial. Sedutor e misterioso, é também um amante inesquecível.

Possui um grande poder magnético que fascina as pessoas, principalmente seu olhar penetrante.

Seu espírito combativo pode se expressar de forma calma ou muitas vezes com certo ar de ironia.

Em seus objetivos costuma ser bem focado. Um contestador nato, não se satisfaz com paradigmas imutáveis de comportamentos sociais, notadamente em decorrência de seu modo observador.

O jovem sabe aonde quer chegar e para isso lutará com todas as suas forças e adotará estratégicas táticas que possam controlar sua postura realizadora.

É muito controlado, normalmente não fala demais, não faz confidências pessoais e procura guardar seus segredos e seus sentimentos. É detentor de uma natureza emocional bastante complexa.

Qualificações profissionais
Investigação e análise

Profissionalmente, aprecia ter grande autonomia para suas decisões e exercer seu poder sobre as pessoas.

Costuma ser muito rigoroso na execução de suas tarefas. Aprecia analisar, investigar e descobrir as razões ocultas e inconscientes dos outros.

Entre suas inúmeras qualificações profissionais podemos destacar: cirurgião, sexólogo, psiquiatra, pesquisador.

Vários aspectos negativos precisam ser combatidos ou controlados como a violência, a brutalidade, o extremismo, as tendências destruidoras, o ódio mortal.

Significa astrologicamente: força, intensidade, energia concentrada; convulsões, obsessão, força bruta, mudanças dramáticas.

O QUE TODO JOVEM DE SAGITÁRIO PRECISA SABER SOBRE SEU REGENTE JÚPITER

♃

JÚPITER
O planeta da expansão

A influência do planeta na vida do jovem sagitariano

Sua principal motivação, que incita o nativo de Sagitário, é o impulso em direção a uma ordem maior, de objetivos de vida, a necessidade de confiança em si sintetizado no princípio da fé.

A motivação jupiteriana é no sentido de assimilar, expandir, traçar metas além do conhecido, dessa forma o jovem busca sempre novas aventuras.

A incitação do arquétipo planetário faz com que o jovem procure descobrir quem ele é, e dessa forma expande sua consciência e seu próprio mundo.

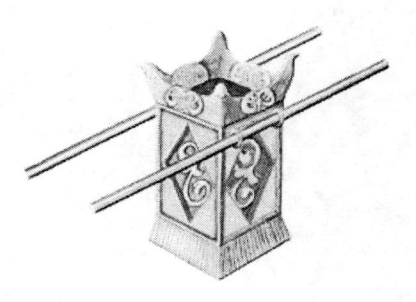

O conhecimento que se torna sabedoria e inteligência é aliado às oportunidades, buscas e prática de filosofias de vida.

Com jovialidade e alegria temperada alcança satisfação e significado nas suas realizações.

Insere-se entre as motivações planetárias a generosidade, a proteção celeste, a boa sorte, as alegrias da vida, o otimismo e as riquezas desde materiais às espirituais.

A grande motivação planetária é o fator generosidade quando a alma tem capacidade doadora por sua riqueza de conteúdos adquiridos. Consegue inspirar ânimo e incentivos por meio de palavras apropriadas, gestos e atitudes condizentes e sábias.

Uma das mais importantes motivações do planeta ao nativo é a esperança que funciona como um dínamo gerador de forças internas.

Pode se inspirar no princípio paternal protegendo sem fazer espetáculos e socorrendo sem fazer soar trombetas.

Sabe ser justo sendo benevolente, tolerante e pacificador.

Conceituação geral
Um sol em miniatura

Júpiter tem mais que o dobro da massa ("peso") de todos os outros planetas somados. No entanto, teria que ser provavelmente, 50 vezes mais pesado para começar a queimar como uma estrela.

Graças ao seu tamanho, o planeta foi na teocosmogonia assimilado à divindade de todos os deuses.

Júpiter não é apenas o maior planeta, como também tem a rotação mais rápida. A velocidade de rotação da atmosfera, superior ao Equador, é 5 minutos mais rápida do que nos polos, fazendo com que a atmosfera seja continuamente retorcida e partida.

Júpiter é o maior planeta do Sistema Solar e até já se pensou que fosse um Sol em miniatura, com calor próprio, o que se comprovou não ser real, pois ele tem muito pouco material sólido para possibilitar as reações nucleares que pudessem gerar energia.

Nesse contexto, o sagitariano possui enorme propensão a querer ser o melhor em vários aspectos de sua forma de viver. Pode ser o sujeito muito "espaçoso" que invade o espaço alheio sem a devida permissão.

Mas, pode ser também aquele que porta uma grande fé em si mesmo, e que dessa forma consegue verdadeiros milagres em sua vida.

> *Há 3000 anos, Júpiter é conhecido pelos gregos e, então, pelos romanos.*
> *Há 1500 anos, na China Antiga, Júpiter é conhecido como a "Estrela de Madeira".*
> *Tempo de rotação no próprio eixo (dia de Júpiter): 9,92 dias da Terra.*
> *Tempo de uma órbita (ano de Júpiter): 11,87 dias da Terra.*

Conceituação astrológica
Dignidades e debilidades planetárias

Exaltação em Câncer – significa que esse planeta torna a natureza religiosa da alma permeável aos sentimentos e emoções, onde exerce com toda a plenitude o seu papel fertilizador. A família torna-se extremamente importante e apoiada.

Exílio em Gêmeos – em termos astrológicos representa a mutabilidade que dificulta o aprofundamento.

Exílio em Virgem – designa que o apego ao detalhe não permite a noção de amplitude. Levar em conta que o virginiano se apega às minúcias, esquecendo da amplitude geral do assunto, do tema.

Queda em Capricórnio – nesse signo o planeta incita o movimento de contração, restrição, esforço e reserva. No fundo pode levar a uma expansão a nível profissional e ambição, se isso for bem direcionado.

De acordo com a tradição, Júpiter também governa o signo de Peixes.

A força expansiva
Crescimento e evolução espiritual

Sua proeminência astrológica se deve à sua força expansiva. Foi assimilado às figuras simbólicas do pai, do patriarca e do rei.

Júpiter governa o princípio da expansão que solicita a cada um de nós que cresça e se desenvolva como ser espiritualizado e que aspira conexão com a divindade.

Assim, o jovem pode se tornar ao longo da vida um ser espiritualizado voltado para os mistérios sobrenaturais divinos.

Portanto, o seu planeta regente o inspira para que haja um constante crescimento da sua consciência imbuída plenamente de espiritualidade e de justiça.

Trata-se de um anseio da sua alma de ser melhor, maior e mais enriquecido. Astrologicamente, ser regido por Júpiter é uma verdadeira dádiva dos deuses que lhe proporciona desejos de expansão, de comunhão com as verdades além-vida, dos conceitos religiosos e da filosofia que ajudam a entender e a viver melhor a própria vida.

Assim o nativo de Sagitário busca ser sábio, mais informado a respeito do mundo e das situações. Está pronto para evoluir e crescer como verdadeiro homem.

Júpiter tem função de expandir, traçar metas e objetivos, voltar o impulso para uma direção de uma ordem maior, a necessidade de confiança em si e na vida – a fé em síntese.

Como Júpiter tende a expandir tudo que toca, leve-se em conta desfrutar do pecado da gula.

O planeta que traz a expansão, pode também indicar a complacência, ou uma postura excessivamente ctimista.

Deus dos raios e trovões
Poder de Deus

O deus Júpiter/Zeus era personagem central de inúmeras proezas amorosas para as quais se transformava em animais como cisne, touro e águia.

Era o Júpiter tonante armado com os terríveis raios.

Recebeu o nome da principal divindade romana. Para os gregos, Júpiter chama-se Zeus; os orientais o chamavam de Estrela da Madeira.

Representa idealismo, honradez e filantropia.

Em sua natureza essencial confere grandeza de alma, ambição nobre, amor ao próximo.

O idealismo faz com que o nativo, sob a regência de Júpiter, busque alcançar novas metas especiais inspiradas pela flecha que simboliza abertura de percursos e outros caminhos para cumprir seu destino aventureiro.

O símbolo da flecha indica que ter foco é o caminho para o sucesso. Como verdadeiro arqueiro, o jovem deve se concentrar e determinar qual ação trará os melhores resultados. Focando no objetivo, a energia pode ser utilizada de forma mais eficiente.

As atitudes do jovem dão esperança mesmo que os demais estejam prontos para desistir. O sagitariano pode fazer promessas incapazes de serem realizadas. Deve evitar, assim, muitos compromissos que geram exaustão e pressões por todos os lados.

> *O simbolismo de Sagitário é representado por uma flecha significando um elemento que busca alcançar o céu longínquo. Uma verticalidade com conotações de retidão que desafia tudo para a grande libertação das condições limitantes do plano terrestre. A flecha, **sagitta**, significa o aprendizado que busca ultrapassar as fronteiras e trazer novas ideias e conhecimentos ao limitado.*

Bênçãos divinas
Presença do Mestre Interior

Trata-se do mais benéfico dos planetas, concessor da Graça Divina que é um conceito atingido só por intermédio da fé com a qual Júpiter está relacionado. O maior dos planetas é o senhor da luz, imperador, juiz e mestre.

O planeta proporciona oportunidades de superar problemas e essas podem vir na forma de conhecimento, de uma mão amiga ou de mesmo dinheiro.

Júpiter pode ser seu amigo, mas não deve segui-lo cegamente. Ideias demais ao mesmo tempo podem confundir, e a hiperatividade leva à exaustão ou a um acidente; paixão ou bondade excessivas expõem à dor; e excesso de indulgência turva o discernimento.

A generosidade jupiteriana torna praticamente tudo possível, trazendo esperança mesmo na maior das diversidades. Mesmo assim, essa bênção pode se tornar negativa quando se deseja a expansão infinita em todas as direções e o contínuo consumo de tudo o que se deseja.

Por outro lado, sem Júpiter há pouca expectativa de esperança, mas há menos ainda quando se é oprimido pelo desejo ilimitado.

Júpiter se manifesta como fé na vida, no otimismo, num sentimento de que as coisas vão dar certo, algo terá que acontecer para nos tirar do sufoco.

O planeta simboliza crescimento, abrangência, busca pela onipresença.

É a representação do Espírito Divino preenchendo os mundos.

Júpiter apregoa que tudo que é plasmado pelas nossas crenças pessoais, tudo que é criado mentalmente, com a força da fé naquilo que se cria, irá surtir algum efeito na vida física.

Quando se fala em confiança e fé se fala em Júpiter.

A fé jupiteriana é evangelizadora. Tal fé dá confiança para continuar não obstante os obstáculos, porque existe uma certeza.

A fé que imprime o planeta extingue todas as dúvidas quando se está convencido das certezas. É quando esperamos que ocorram "milagres" em nossa vida.

Sua religiosidade busca principalmente uma união com Deus num sentimento pleno de transcendência. Apreende também o respeito às leis do Céu e da Terra por meio da doação, do altruísmo e da nobreza de alma.

Busca certamente um encontro com o mestre que é seu guia interior, numa aceitação respeitosa quando se põe a ouvir as mensagens que a vida lhe envia.

A religiosidade se concentra na busca de respostas para os enigmas da vida e da divindade que habita dentro de nós.

Inspira-se na filosofia, onde procura adquirir respostas para suas indagações e sobre as origens e o funcionamento do universo. Favorece o sentido e os princípios gerais da existência, os valores, o seu papel no cosmos, suas atividades e manifestações. Congrega conhecimento, comportamento moral, ação política e linguagem que o enriquece.

Podemos dizer claramente que Júpiter funciona em função de um estado de fé, otimismo e esperança. A lei fundamental de energias no Universo está trabalhando a seu favor. Você deve se considerar um afortunado!

Na sua forma arquetipal, o planeta representa:

- prosperidade, sucesso, boa sorte, crescimento;

- desejo de aprender, conhecimento;

- usufruir de viagens e se envolver com questões religiosas e leis.

Dessa forma, o sagitariano é um dos signos mais afortunados do Zodíaco, aquele que recebe infinitos favores e graças divinas – saiba aproveitá-las!

> *Um dos títulos em sânscrito do planeta é Dharma-karaka ou o indicador de religião, o qual dá compreensão espiritual e sabedoria. Como sacerdote ele inclina a pessoa às cerimônias e rituais religiosos. Sugere desenvolvimento, evolução, satisfação e uma expressão positiva. Considerado o planeta de Punya ou créditos cármicos obtidos em outras vidas.*

Exageros e superioridade
Religião sem fanatismo

Um dos grandes perigos do sagitariano é vivenciar o fanatismo religioso ou ideológico que muitas vezes o deixa cego às realidades terrenas.

O nativo regido por Júpiter pode se tornar o falso guru que incentiva o povo simples a contribuir para os cofres "de Deus".

Investem numa exortação recheada de discursos eloquentes, citando *Bíblia* e santos. Pode se tornar o fanático religioso no aspecto mais negativo. Também se encarrega de propor explicações para tudo, "sabe" tudo e quer "ensinar" a todo custo ancorado no poder de Deus e até bíblico.

O planeta inspira satisfação, harmonia e uma crescente busca para uma vida feliz e cheia de novidades prazerosas.

Assim pode trazer inquietação que o leva ao desejo de se movimentar, desenvolver algum projeto ou área de sua vida, resultando em acontecimentos como viagens e mudanças.

Pode despertar convicção religiosa, participação em cursos ou eventos culturais, desenvolvimento intelectual e expansão de consciência.

Pode provocar excessos, extravagâncias, otimismo em exagero, indulgências, luxúria, desperdícios, (achando que pode tudo) demasiada autoconfiança, arrogância, complexo de superioridade, sentimento de estar acima da lei.

> *Júpiter é altamente auspicioso, pois pode produzir muitos benefícios, daí ser o "Grande Benéfico" do Zodíaco.*

Sempre se ater aos comportamentos positivos do planeta: grandeza de espírito, de sabedoria e de generosidade, sentido de justiça e de alegria espiritual, dignidade, respeito à Lei, compreensão magnânima e amplitude de visão.

Saiba, sagitariano, que você é agraciado com o Senhor Júpiter, pois sua atuação no campo astrológico sempre foi, em toda a tradição, vista como uma influência benéfica. Júpiter rege o desejo de expansão de todos os limites conhecidos, seja no âmbito físico, mental ou espiritual.

A classificação tradicional lhe atribui natureza masculina, de Senhor, divindade, poder e vontade.

O planeta tem afinidade com magistrados, advogados, professores e senadores, assim como filantropos e filósofos.

Viagens e sabedoria
A procura de um sentido maior para a vida

Viagem para Júpiter, sob o ponto de vista espiritual, não é somente uma passagem por um espaço, mas, principalmente, a expressão de um desejo urgente de descoberta e mudança.

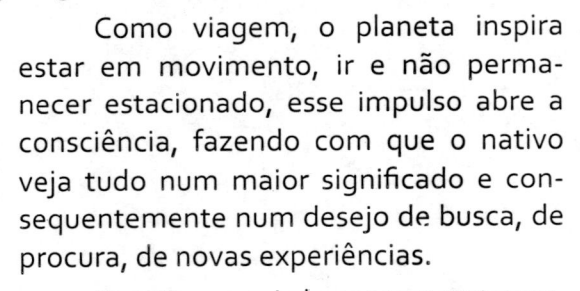 Como viagem, o planeta inspira estar em movimento, ir e não permanecer estacionado, esse impulso abre a consciência, fazendo com que o nativo veja tudo num maior significado e consequentemente num desejo de busca, de procura, de novas experiências.

O nativo anseia buscar novas terras, outras culturas e diferentes conhecimentos. Um crescente interesse em conhecer como o mundo funciona, como vivem e viveram as criaturas do planeta Terra, e por extensão o que existirá nos outros planetas.

Como viajante no planeta Terra, enceta suas viagens nos diferentes planos como o físico, o espiritual, o cultural e o mental. Por intermédio da viagem física, espacial, busca geograficamente novos lugares e povos. A fascinação pelo desconhecido leva o jovem a sair de seu mundo próximo e explorar novos lugares ou novas filosofias e ideologias.

A viagem cultural é uma grande fonte de diferentes experiências que levam a acrescentar conhecimentos mais amplos e a propagação dos mesmos.

A viagem mental está em função do processo mental acompanhado de liberação, renascimento, transformações de hábitos.

No afã de expandir-se acumula sementes de sabedoria, que somada à inteligência consciente e direcionada eleva o nativo.

Pode ser um verdadeiro sábio, deseja que os outros o escutem, o acompanhem e ajudem em seus planos, pois é importante sentir-se eficiente. Ama os esportes.

Está no auge da felicidade quando viaja com os cabelos ao vento.

Aspectos negativos de Júpiter
Ego inflamado

Comportamentos negativos do planeta e por afinidade e extensão ao sagitariano: o desejo de ostentaçãc, o orgulho, a paixão pelo jogo, o amor à vida fácil, o fanatismo, se pavoneia como um fanfarrão, a hipocrisia e é dogmático.

Pode se manifestar no *generoso ostensivo*, aquele político ou não, que promete emprego, casa própria, distribui esmolas, brindes, mas por trás sempre pensando em si próprio e quais os benefícios que receberá em troca. Chega a autodenominar-se "salvador dos fracos".

Muitas vezes se traveste de falso moralista que apregoa a moral e se apresenta como o dono de todas as verdades. Inflama o ego com exagero, chama a atenção com alaridos, o falar prolixo e difícil. Nutre postura esnobe e cheia de arrogância e vaidade.

Pode ser aquele tipo inconveniente que se aproxima e estende convites para todas as oportunidades. Solta piadas inoportunas e inconvenientes. Chega sem aviso prévio, telefona nas horas mais impróprias.

A sorte e oportunidades
Positivo atrai positivo

O pensamento positivo de Júpiter, ligado às visualizações, atrai o êxito do objetivo. Uma das recomendações ao jovem jupiteriano é a técnica de visualização criativa.

Júpiter tem o que se pode cunhar de consciência da prosperidade, por isso confere coragem para ir em frente e vencer. Um dos grandes lemas que alicerça a vida do nativo é o sentido da prosperidade, fartura e abundância.

Desde tempos longínquos que a sorte está ligada à proteção divina, a uma graça especial.

Júpiter é considerado o planeta das chances e mune o nativo de sorte, fortuna, bem-estar material, prêmios e oportunidades.

Verdadeiro "boa sorte" – o nativo parece viver ação de uma proteção quase divinal. Consegue a realização de muitas coisas com relativa facilidade.

Você consegue mirar cuidadosamente seu alvo e meta escolhida não os perdendo de vista. Sabe utilizar métodos práticos de como alcançá-los.

Quando você decide realizar algum projeto seu otimismo é determinante.

Atrai circunstâncias auspiciosas que o tornam hábil a obter o que planeja realizar ou possuir.

A visão de Júpiter é como empregamos a fé e usamos nosso espírito generoso. Ao ter visões de boa sorte e proteção, na verdade estamos recebendo de volta o que já demos.

Considerado benéfico e de boa reputação, pode fornecer ao nativo uma agradável sensação de bem-estar que se transforma em autoindulgência, ou tendência a exagerar nas coisas boas (comidas, liberdade, jogos etc.).

Na sua busca evita desapontamentos, hesita em fixar objetivos por medo de decepção.

O perigo é que você, em certas situações, pode arriscar tudo numa cartada decisiva.

Se for o caso, saiba como colocar seus projetos em funcionamento – levando em conta que alguns nem sempre podem dar certo.

Pode vivenciar muitos desafios e a variedade de objetivos diversificados motivado pelo entusiasmo e ambição.

Conte com uma abordagem prática de seus projetos e metas (que tendem a ser elevados). Aprenda que os desafios são a grande motivação na sua vida.

DIFERENTES ATITUDES PLANETÁRIAS		
MARTE	JÚPITER	SATURNO
Ação	Entusiasmo	Realização
Força	Alegria	Sucesso
Iniciativa	Bom humor	Não desistência
Esforço	Expansionismo	Resultados
Competição	Espírito esportivo	Disciplina
Vontade	Otimismo	Excelência
Coragem	Oportunidade	Elevação

Competições olímpicas
Homenagens a Zeus

No primeiro milênio antes de Cristo, Olímpia foi santuário da deusa Réia, a mãe dos deuses. Passada a era matriarcal, ela foi dedicada ao seu filho Zeus.

Os Jogos Olímpicos duravam cinco dias, na primeira lua cheia de agosto. Os atletas competiam nus, prática imposta depois que o calção de um corredor caiu durante uma prova em 720 a.C.

A boa sorte é um dos aspectos mais promissores de Júpiter, concedendo capacidade para ver algo benéfico em todas as coisas.

As competições esportivas em Olímpia eram entremeadas de sacrifícios a Zeus, bois brancos eram degolados logo na abertura do evento. Os atletas pediam a proteção dos deuses para vencer as provas.

Exóidas venceu uma prova no século VI a.C. Ele dedicou seu disco recebido a Zeus, o deus que a Olimpíada homenageava. Pólux era campeão de arremesso de disco.

Nesse contexto mitológico, o sagitariano tem uma especial queda pelos esportes, pelas aventuras, e aprecia correr riscos. Admira muito a vida junto à natureza, quando se sente mais perto do divino.

O QUE TODO JOVEM DE CAPRICÓRNIO PRECISA SABER SOBRE SEU REGENTE SATURNO

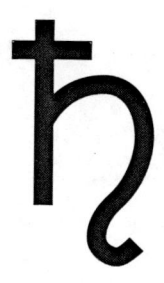

SATURNO
O planeta da matéria

A influência de planeta na vida do jovem capricorniano

O jovem capricorniano tende a ser paciente, tenaz e sóbrio, qualidades que o levam ao sucesso almejado.

O saturnino prefere a qualidade em detrimento da quantidade, pois seus valores espelham perfeição, produtividade organizada e bom aproveitamento do material que utiliza, seja em qualquer aspecto de sua vida.

São as qualidades de Saturno como a dedicação, a persistência e a clareza no objetivo que levam o jovem ao sucesso.

Procura seguir passos de forma segura e confiante, pensa na estruturação da vida pessoal e social organizando-a de forma a auxiliar nas metas profissionais com vistas a conquistar objetivos.

O planeta representa a necessidade de estruturação da vida e da sociedade, incluindo a busca de atividades profissionais que visem o bem-estar da comunidade.

O capricorniano nasce com senso de dever e responsabilidade aguçados, e é cauteloso com a própria vida.

O signo de Capricórnio é representado pela cabra que sobe as montanhas íngremes.

Conceituação geral
O Senhor do Tempo

Saturno é um dos deuses mais antigos oriundo do período em que a Terra ainda era uma massa de rochas em processo de solidificação. Foi o deus romano da agricultura, civilização e prosperidade.

Considerado o Senhor dos ciclos, da maturação, dos alicerces da matéria.

É o grande mestre e examinador que testa nossa capacidade, nossos valores, nossa filosofia, nosso próprio ser. À medida que somos testados, as ideias vão se cristalizando, amadurecemos lentamente, e dessa forma nos tornamos conscientes de quem somos, sentimos forte senso de dignidade, uma base de personalidade na qual podemos confiar.

Saturno se apresenta no ponto mais alto do Zodíaco iluminado plenamente pelo Sol. É conhecido como um dos Mestres que traz a luz.

É um planeta social que tem a função de dar segurança à comunidade organizada.

Aquilo que o planeta toca precisa ser bem amadurecido, pois é também o Tempo Disciplinador, podendo ser simbolizado com uma foice. A foice ceifa, mas também prepara para a colheita. É o professor na escola da vida, e por isso amedronta.

Qualquer medida de tempo é um conceito notoriamente saturnino e nos impõe limites.

Saturno é o tempo presente, fugidio ou integrado e consciente, o tempo real é o presente – é a causa do futuro. Quase tudo que vai nos acontecer está começando hoje, aqui e agora.

As leis são criação saturninas – se elas não são perfeitas como deveriam os erros não são de Saturno, mas das mentes humanas ainda em processo evolutivo. Mesmo imperfeitas as leis são úteis e nos amparam.

O planeta da razão, do sentido do real que impõe pesadas provas e obstáculos. O corte do cordão umbilical é a primeira ameaça de morte. A aceitação positiva, o perfeccionismo é base saturnina.

Esse astro regente de Capricórnio simboliza a prudência, nossos sentimentos de restrição e medo, sendo a cristalização uma de suas funções.

Saturno é conhecido em virtude de seus resplandecentes anéis, cuja beleza não podemos deixar de admirar. É o segundo maior planeta do Sistema Solar. Tempo de rotação no próprio eixo (dia de Saturno): 10,77 horas da Terra. Tempo de uma órbita (ano de Saturno): 29,46 anos da Terra.

Estrutura e autoridade
Projeção dos pais

Saturno é o princípio da forma, da estabilidade, da estruturação que pode se manifestar por meio de leis, da tradição, de autoridades e do pai.

O jovem tende a vivenciar o "pai disciplinador" que traz dentro de si, que coloca limites e mostra a realidade tal como ela é. Dessa forma, ele é nitidamente realista com relação ao próprio mundo. Esse "pai interno" é exigente, rigoroso e cobra resultados excelentes.

Muitas vezes o medo do jovem pode ser uma forma de proteção.

O jovem, movido por Saturno, tende a lidar com o que significa autoridade e responsabilidade, daí grandes são as chances de assumir cargos de comando, pois estaria astrologicamente capacitado a receber confiança e saber administrar as tarefas.

Mas em certas circunstâncias o ideal pode diminuir a rigidez, o tradicionalismo, os temores – o caminho a perseguir deve ser sempre o da esperança.

Vimos que Saturno frequentemente é associado aos pais numa interpretação astrológica, principalmente quando a pessoa se sente impedida de progredir em alguma área da vida.

Dessa forma, os pais, recebem a projeção de Saturno porque o planeta tem a função de limitar e estruturar, e assim projeta-se no pai ou na mãe essa função restritiva.

Disciplina e limitação

Empenho

Saturno incita o jovem à estrutura e à disciplina, à ordem nos negócios e na política. Mas é sempre bom lembrar que controle demais pode engessar ações e atitudes, e bloquear a criatividade.

É preciso entender que se tenha um limite à limitação; o jovem, se tiver isso em mente, pode se beneficiar dos aspectos positivos do controle e da força de Saturno.

É o planeta dos fundamentos firmes e pode mostrar como reforçar empenhos e torná-los mais sustentáveis.

O jovem, ao compreender Saturno, tem um aliado que nunca lhe dará falsas esperanças e sempre estará presente para apoiar, proporcionando a estrutura para seu progresso ao longo da vida, da mesma forma que cuida do esqueleto que nos sustenta em pé e dos alicerces dos edifícios.

Tendo como guia, o jovem se torna mais poderoso, trabalhando com os problemas para resolvê-los. A força de Saturno o ampara independente do que aconteça.

Gosta de planejamento e prefere não parar projetos no meio.

O planeta do realismo
Objetividade

Não obstante o signo e o planeta simbolizarem limites e temores, isso vem favorecer a consciência da capacidade organizatória e disciplinatória do jovem.

A lição de Saturno é ser prático e realista diante do mundo, procurar a objetividade. É preciso contrabalançar a ansiedade, a angústia e o medo do fracasso.

O jovem não pode ser tomado pelo pessimismo, pelo rancor, pela frieza, pelo excesso de rigor e também não deve se ater demasiadamente em dar importância à posição social.

Saturno confere ao capricorniano o sentido de praticidade, resistência e realismo da vida, que o tornam um ser incrivelmente realista.

Possui a capacidade capricorniana de concentração e determinação, que são atributos de grande valor que recebeu cosmicamente.

Podemos tecer considerações de tom negativo quando ele está voltado para uma excessiva rigidez, mesquinharias, severidade, ganância, intransigência e desconfiança.

O jovem é pessoa realista e bem assentada, levando a vida muito a sério e com muita responsabilidade.

Capricórnio lembra que "tudo na vida é o que é", isso é o ápice do realismo. Espera trabalho duro dos outros, e de si mais ainda.

O saturnino quer informações concretas, fatos e detalhes. Precisa de informações e dados para tomar decisões. É apegado à rotina e prefere padrões estabelecidos para resolver problemas.

No trabalho, tem um fluxo de tarefas constantes e não confia na inspiração.

Bênçãos celestes
Sabedoria ancestral

O jovem capricorniano é regido por Saturno o planeta que tem ação no denso campo da matéria. Genericamente, quando uma pessoa vem ao mundo o campo de energia se contrai, e dessa forma concentra-se e se torna uma experiência saturnina.

Espiritualmente, o planeta mostra a realidade do mundo material uma vez que são postas de lado a ilusão e a fantasia. Assim, o jovem capricorniano mantém sobre si uma constante vigilância quanto aos seus ideais para não cair no escapismo.

O jovem é abençoado pelo sentido de perseverança ante todas e quaisquer dificuldades que podem surgir em seu caminho.

Possui virtudes classificadas como saturninas, tais como: economia, disciplina, resistência, paciência e reflexão.

Como planeta das provações, age lentamente e para isso é preciso dedicação e trabalho para que algo aconteça ou para que se possa desenvolver o progresso espiritual.

Mente prática e objetiva que leva o jovem a ser realista e confiar naquilo que está ao seu alcance, sem falsas esperanças.

Saturno rege o diamante pela sua dureza, e nesse contexto o budismo se refere à 'alma de diamante' ou 'corpo de diamante' que devemos aprimorar.

A influência saturnina lhe confere a sabedoria ancestral, algo inato, que muitas vezes o impele a ter uma visão mais ampla do mundo e de sua união com ele.

Na astrologia esotérica, o planeta rege o passado cármico. Porém, isso não significa que o nativo vivencie somente a roda do carma conforme o símbolo budista.

Saturno é o limite de alguma dimensão de nossa vida.

O carma, segundo o espiritismo e o hinduísmo, faz parte da vida de toda pessoa uma vez que são situações trazidas de outras vidas.

Saturno rege o passado cármico, isso num mapa astral quando o mesmo é analisado nesse sentido.

Isso não significa que o capricorniano vivencie somente o carma.

O saturnino e as energias sutis

Seja positivo

No geral, a pessoa que possui um Saturno forte no mapa e mesmo o capricorniano mais típico pode desenvolver certa resistência no que se refere às influências sutis, dessa maneira o trabalho com medicina alternativa deve ser mais persistente.

O saturnino sente que a mudança pode destruir aquela estrutura à qual laboriosamente construiu e a ela se apega.

É importante que faça afirmações positivas que reconheçam o pensamento negativo, o pessimismo, o negativismo e demasiada cautela.

Os difíceis testes
Ação do planeta nos mapas natais

Astrologicamente, Saturno rege a área da vida onde se luta para suplantar as limitações e restrições. A pessoa pode edificar uma barreira onde procura se defender e proteger.

Pode ser um indicativo da área em que ocorrem sentimentos de inferioridade e de opressão, que levam à posterior ressentimento e amargura se os desafios não forem corretamente enfrentados.

O desafio é edificar uma nova estrutura com novas atitudes nesse setor pessoal.

As experiências saturninas, na área de sua influência, são consideradas pesadas e duras e onde tememos ao ponto de trabalhar afoitamente para estabelecer segurança e estabilidade.

A ação do planeta revela as limitações de nosso ego e nos incita a uma compreensão profunda de nossos potenciais a serem explorados.

Saturno no mapa mostra em que área somos escravos, ou que nos leva a querer nos controlar de forma opressiva.

Podemos dizer que as ideias do jovem vão se cristalizando, amadurecendo de forma lenta mas segura, isso lhe confere um senso de dignidade, um fortalecimento da personalidade na qual pode confiar mesmo diante de severas crises.

É imbuído de uma mentalidade prática e busca o modo mais viável e funcional de fazer as coisas. Isso lhe dá um interessante poder de organização e praticidade nas tarefas que exerce beneficiando as suas atividades profissionais.

Tanto é o senso de responsabilidade que dá a impressão de que se está suportando o mundo nas costas.

Saturno lhe confere resistência diante das sobrecargas e, dessa forma, o jovem confia que o peso será suportável e que valerá a pena.

O planeta representa a prudência seja no plano interior ou exterior do jovem.

Saturno informa a durabilidade e estabilidade de algo. O planeta fala-nos de contrição e constrição, que pode fisicamente ser um depressivo, revelar fobias e inibição.

Com Saturno tudo pode subir, mas sempre há o risco de descida se a dedicação e a competência não forem mantidas.

O jovem pode sentir certa culpa de difícil entendimento, de certa forma algum temor que pode levar à restrição e à contenção.

Muitas vezes o crescimento do que se propõe a realizar pode ser lento e passar por testes, mas isso não pode ser fator cruciante de pessimismo.

Sempre considerar que as lições de Saturno vão fazê-lo enxergar o mundo de maneira mais realista, sem fantasiar nada.

Saturno representa as lutas contra as restrições, o valor mais elevado seja moral ou no sentido profissional.

Lembrar sempre que Saturno dá grandes lições mas, ao mesmo tempo, por intermédio delas ele nos confere profunda sabedoria.

Saturno confere atributos como método, prudência, sobriedade e sentido de dever; e negativamente introduz intolerância, avareza e teimosia.

O planeta é a essência da cristalização em todos os aspectos, e dessa maneira pode refletir nos modelos rígidos de vida do jovem.

Muitas lições que são aprendidas levam a pessoa a agir com precaução e paciência.

Sabendo utilizar a energia saturnina, aceitando a sabedoria e a disciplina que ele incute, sua manifestação torna-se positiva e benéfica.

É preciso ficar em alerta para que o medo não favoreça ideias de que algo está desmoronando, evite pensar que aquilo que é construído pacientemente esteja sob ameaças.

Procure evitar uma posição austera diante da vida, que pode originar do muro erguido para ocultar os mais profundos temores e fraquezas.

Ficar longe da lentidão, pessimismo e excessivas economias e precauções.

Sem as limitações de Saturno não se teria a forma, haveria situações impossíveis e não teríamos nem corpo nem nada em que pisar.

Saturno recomenda ao jovem manter a mente ativa e produtiva, sempre procurando novos interesses e aprendizados.

O planeta inspira a descobrir seu limite e sua disciplina, tal como os físicos corporais para que se tenha uma vida equilibrada.

Correspondências astrológicas
Estruturas e montanhas

Saturno se manifesta patologicamente por meio de doenças ósseas, alérgicas, cutâneas, musculares, vesiculares e problemas dentários, pois esse planeta é associado com: a pele, os dentes, os ossos, a vesícula, a cristalização e a mudança lenta.

Com relação às plantas, Saturno rege as que parecem não produzir frutos, que possuem gosto amargo, odor não apreciável, as que produzem folhas ou frutos negros, e árvores como cipreste.

Está ligado às pedras e às coisas frias, duras, secas e isoladas. O nativo regido por esse planeta é reservado, casto, preciso, sólido, meticuloso, econômico, utilitário, moralista, intolerante, teimoso e rancoroso.

Saturno é que conserva a forma do corpo, regendo o esqueleto e a pele.

Sob a regência de Saturno as pessoas podem se mostrar pessimistas e desconfiadas.

O jovem está sob a batuta do mestre Saturno, planeta das leis que nos organizou, e também se pode dizer que é inventor dos casamentos, sugerindo a ideia de formar casais, legalizar uniões e torná-las aceitas pelo grupo social.

Como Capricórnio é o ponto mais alto do Zodíaco, ele é identificado como uma montanha. Chegar ao ápice dela é uma escalada difícil assimilada à nossa vida de ascensão, seja em qualquer nível ou setor.

A montanha representa a realização do ser humano e requer superação dos desafios, que são muitos.

A montanha representa a ascensão social e profissional, que exige esforço na conquista. Representa o êxito nas realizações. Caracteriza-se pelo respeito e reconhecimento que trazemos dentro de nós.

O QUE TODO JOVEM DE AQUÁRIO PRECISA SABER SOBRE SEU REGENTE URANO

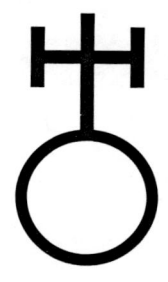

URANO
O Planeta do imprevisível

A influência do planeta na vida do jovem aquariano

O planeta inflige um lema básico na vida do jovem, que é a liberdade. Assim, esse astro é tido como o Grande Mestre da Liberdade em todos os sentidos.

O princípio da liberdade uraniana inicia a partir da mente ativa, considerada a fonte motivadora e propulsora desse estado e que leva a se expressar de forma inovadora, libertadora e atualizada (até muitos anos além da mente comum).

A liberdade aquariana requer ação e determinação para ser posta em prática, e assim o jovem se contata com tal energia que flui em decorrência astrológica.

> *O futuro tecnológico está na mente do jovem regido por Urano, o planeta das grandes invenções e descobertas.*

A energia do planeta atua de forma abrupta, no sentido do imprevisto, do repentino, do surpreendente, do estranho, do incalculável e do não qualificável ou quantificável.

Urano possui natureza impulsiva e explosiva, como uma chama que sobe rápida e vertiginosamente e se apaga, ou como uma forte descarga elétrica.

Age pela atuação de forças que se manifestam em mudanças súbitas e inesperadas na vida; assim como na penetração e na rapidez de introdução de consciência de novas ideias, com conotação de originalidade.

O jovem é invadido por forças poderosas em sua consciência que trazem perspectivas de novos caminhos para sua vida.

O nativo é impulsionado à excentricidade, à voluntariosidade, à originalidade, ao inesperado e ao nascimento de novas ideias. O planeta eletriza, magnetiza e proporciona ações súbitas e, às vezes, excêntricas, que fundamentalmente iluminam sua mente.

Conceituação geral

O hieróglifo do planeta é uma modificação da letra H, derivada do Herschel, seu descobridor no ano de 1781.

Seu descobridor, Willian Herschel, batizou-o de George Sidus, em homenagem ao rei inglês Jorge III. O nome não pegou e mudou em 1850.

Foi descoberto na época da Revolução Industrial na Europa, quando se fizeram drásticas mudanças tanto na mecânica quanto na estrutura social da vida.

O nome Urano homenageia o deus grego do céu, que representava o firmamento estrelado.

O planeta Urano é a oitava superior de Mercúrio – a mente, a consciência elevada e aberta para novos canais de comunicação.

Como oitava superior de Mercúrio, o intelecto e as comunicações podem sofrer crescente evolução que pode ocorrer de diferentes maneiras: por meio de contato com inventores, com a aviação, com a eletricidade, por intermédio de equipamentos avançados e das ciências naturais ou sociais.

Na conquista da Lua, em 1969, Júpiter e Urano estavam em conjunção e teriam representada a causa final, o ponto do tempo para o qual todo o esforço do programa espacial se concretizaria. Júpiter é o símbolo das viagens, e Urano da nova tecnologia.

> *Linha do tempo de Urano*
>
> *Urano era desconhecido como planeta pelos povos antigos.*
>
> *Em 1690, John Flamsteed registra Urano como um objeto escuro e similar a uma estrela, 34 Taurit.*
>
> *Em 1748, James Bradley observa Urano como uma estrela de luz fraca e prossegue com essa ideia em 1750 e 1753.*
>
> *Em 1764, Pierre Charles Le Monnier registra Urano uma dúzia de vezes até 1771.*
>
> *Em 1781, William Herschel descobre Urano.*

Expressão da liberdade
Libertação de padrões convencionais

A liberdade tem como ponto de partida a mente que se libera, não necessitando de aprovação alheia – cabe a você deixar tudo que o aprisiona e permitir que flua o mundo das ideias inovadoras.

A liberdade se vincula à ousadia no sentido de se desprender de padrões impositivos e deixar que as oportunidades gerem resultados inspirados na criatividade.

A incitação uraniana declara condições pessoais de vida do seu jeito próprio, viver sua filosofia ao seu modo.

A liberdade norteadora de Urano e do nativo de Aquário está na mente, que consegue libertar-se do antigo, dos padrões formais e convencionais.

Como Mestre desperta as faiscantes luzes libertadoras que fazem com que não se aceite qualquer tipo de vida imposto, que se lute contra a escravização da mente e dos comportamentos.

Na mente, as soluções
Inspiradas na criatividade e originalidade

As ideias uranianas adoram se defrontar com todas as contradições e paradoxos e chegar à capacidade de encontrar soluções.

O insuflador de novas ideias, que age para que haja descobertas e invenções para que a vida humana possa se tornar melhor.

O aquariano, ou uraniano, evoluído adora e prima pelo encontro de soluções aos questionamentos ou situações, e resolve os mais intrincados problemas com os quais se depara.

Os problemas e as situações podem ser considerados os motivadores essenciais que o levam a encontrar e se defrontar com o desafio que estimula e excita.

Urano impõe que você busque e enfrente situações inusitadas por meio de soluções criativas e originais.

Os problemas só existem para serem desvendados, solucionados, e muitas vezes chegam-se aos resultados por intermédio de tentativas que pode ser uma, duas... dezenas de vezes... e de mudanças na forma de ver os problemas ou do próprio modo de pensar...

De repente a solução surge na mente inesperadamente, num minuto... isso é a ação uraniana em funcionamento.

Os fatos e circunstâncias com o dedo uraniano costumam nos apanhar de surpresa, sem qualquer aviso, o que leva a nos sentir paralisados e impedidos de qualquer ação subsequente.

Surgem coisas que ocorrem de forma inesperada. A energia de Urano tem algo de ação surpreendente e acelerado.

Por outro lado, incita a assumir uma nova consciência que se desenvolve e evolui a partir do poder e do potencial mental.

O planeta Urano rege os eventos inusitados e inesperados que chegam sem qualquer aviso prévio na vida.

Urano prefere os desafios do novo ao conforto do simplesmente já explorado, desgastado e conhecido... Novo é sempre novo!

O uraniano tem a mente privilegiada, suas ideias parecem que surgem do nada, inexplicavelmente.

Há grande perspectiva de elevação do plano físico para o mental, e desse para os planos espirituais.

As mentes superiores são capacitadas a ouvir a tempestade, o terremoto de Urano, mas com precaução e inteligência.

O planeta rege a mente superior – o nível mental mais alto, aberto, criativo, sintonizado, sempre estimulando a capacidade humana para decisões inteligentes.

A astrologia associa o planeta ao sistema circulatório, às mudanças físicas, a desvios psíquicos, ao colapso nervoso repentino, às revoluções, às ciências modernas, à tecnologia, à mídia e às viagens espaciais.

O planeta tem regência sobre as invenções, a originalidade, a engenhosidade, o espírito humanitário e independente, a personalidade mais excêntrica e voluntariosa, o progresso intelectual, a mudança inesperada e a tudo o que for considerado fora do comum.

Rege processos terapêuticos, como a introdução da eletricidade na medicina como remédio curativo direto deu origem à eletroterapia, que inclui diferentes submodalidades, como a galvanoterapia ou aplicação de correntes contínuas toleráveis ao organismo, que permite tratar desde nefrite até atrofias e paralisias musculares; a faradoterapia, que utiliza a corrente alternada; ou a iontoforese, que se serve da corrente elétrica para introduzir no corpo do paciente diversas substâncias como íons e medicamentos.

Quando sua mente se livra do antigo, daqueles padrões formais e convencionais, você está pronto para saber usar sua criatividade sem se preocupar com a aprovação dos outros.

Urano recomenda que deixe o passado, que o passado fique nesse passado – como se fosse uma parte de si mesmo que já esgotou e agora precisa de renovação.

As mudanças não podem ser consideradas erro nem uma simples aventura, porém, durante sua ação preparadora dessa mudança podemos ter uma sensação nada agradável de perda.

Urano nos recruta para abrirmos mão de muitas coisas para que, dessa forma, estejamos aptos a evoluir. Incita a deixar o peso do passado e abrir espaço para outras visões da vida.

Traz uma mensagem importante – quantas coisas nós teimamos em carregar sem necessidade, como: bens materiais, nossos conceitos e preconceitos, nossos hábitos que nos prendem e nos prejudicam. Precisa abandonar tudo que impeça e dificulte o progresso pessoal e consequentemente da humanidade como um todo.

O rompimento, o desligamento é uma atitude que impulsiona à transformação tendo como direcionamento a coragem de enfrentar divergências e até pessoas contrárias.

Na sua forma arquetipal representa:

- as mudanças súbitas;
- o despertar da mente;
- os estímulos intelectuais;
- a originalidade.

Realização entre erros e acertos
Persistência na resolução dos problemas

A ação uraniana, que inspira o aquariano, se realiza entre erros e acertos – 'erros' esses que podem ser vistos como 'tentativas de acertos'.

O recomendado é: permita-se, deixe-se errar e acertar, sempre!

A sua força criativa e criadora busca inovações que possam oferecer melhores condições de bem-estar de forma geral.

Seja audacioso para buscar a resolução aos problemas, sejam eles quais forem.

A liberdade tão apregoada de Urano declara não a tudo que inibe e que se vincule ao passado, porque para ser livre é preciso 'estar no aqui e agora'.

Não é conveniente se portar rigidamente, sempre pensando que somos detentores da verdade incontestável.

Vivenciar o planeta Urano é não se ater a posturas e palavras que indiquem jamais ou impossível – isso leva a permanecer fora dos planos das possibilidades uranianas. O ideal é sempre ver a situação, o envolvimento, o problema por todos os ângulos, por outros prismas que possibilitem o surgimento de luzes iluminadoras.

> *A visão muitos anos na frente do que a maioria das pessoas leva o jovem a chocar e surpreender o mundo ao tornar possível o impossível.*

As vibrações desse planeta simbolizam o aguçado pensamento criativo, muitas vezes considerado incomum, de que o aquariano é possuidor.

Urano rege o lado inventivo, por meio do qual o jovem empolga e surpreende até a si mesmo. O planeta confere talento inovador, como as novas tecnologias.

Nada é impossível!

O inimaginável acontece

 Urano desencadeia tudo que é de natureza súbita e até inimaginável ou considerado impossível pelas mentes mais acanhadas.

Vencer o impossível é usar o seu Urano de modo eficaz e surpreendente.

Urano é associado ao acaso, ao inesperado, ao súbito, à surpresa, ao inimaginável. Tudo que você considerava impossível e aconteceu, surpreendeu e até assustou é obra de Urano.

Quando o impossível ocorre, traz em si várias mensagens: para o planeta não existe a palavra nunca, jamais e impossível.

Inspire-se nas imagens, nas mensagens, nas palavras que chegam a você, pois elas trazem o germe e as marcas de futuros acontecimentos.

Agora, nesse exato momento, o futuro se anuncia, mas é preciso estar atento a essas mensagens.

O aquariano precisa deixar sua 'antena' ligada e seu potencial decodificador de mensagens criptografadas em alerta. Os códigos, as informações cifradas precisam de ouvidos, olhos e percepção acurados.

O jovem sob a ação de Urano pensa um mundo moderno e integrado, iniciando pelas próprias redes de comunicação.

Atitudes transformadoras que levam ao rompimento
O jovem rebelde

O aquariano ou uraniano conjuga o verbo rebelar facilmente. Sabe que 'precisa' ser contra a ordem estabelecida por alguém, ou por algum grupo.

Leva a mudanças consideradas radicais, que são desorganizadas para ser reorganizadas de modo que possa passar por um novo desenvolvimento.

Como uma explosão da consciência que traz novas percepções a serem exploradas.

Romper e desligar-se são atitudes transformadoras e corajosas de Urano; o planeta é contra qualquer tipo de opressão e repressão.

O jovem pode ser tomado de inquietação, um sentimento de rapidez, uma forte aceitação que leva a ostentar a bandeira do desejo interno de mudança e de libertação.

Dessa forma, o planeta é tido como o grande libertador, o acelerador da velocidade, o agitador que impulsiona a vida de forma a nunca mais ser o mesmo depois de sua ação renovadora.

Urano, como libertador, impulsiona para a fuga das situações que inibem e frustram a autoexpressão.

A manifestação do arquétipo uraniano se dá por meio das circunstâncias incomuns e das experiências surpreendentes e até estarrecedoras. Todas as formas de vantagens e desvantagens podem ser produzidas repentinamente e podem ocorrer mudanças inoportunas nos assuntos mais diversos.

O indivíduo passa a emanar um magnetismo muito forte e, por causa disso, é provável a súbita conexão com pessoas excêntricas e inconvencionais.

O temperamento do jovem por influência uraniana pode se tornar irritável e beligerante. Pode se sentir inconformado com a hipocrisia do mundo à sua volta ou com a lentidão com que o ser humano admite mudanças em seu modo de vida.

O planeta incita a parar e tomar a decisão de jogar fora tudo que não serve mais à pessoa, pois não tem o estímulo para um avançar evolutivo.

Assim, Urano incentiva a jogar fora hábitos, situações, empregos e até "pessoas" que já não condizem mais com as condições atuais que muitas vezes impedem um crescimento individual e diferenciado.

Urano gosta de "façanhas". Conclama a libertação de pesos mortos sem que se faça análise ou avaliação profundas de si próprio e dos reais valores que motivaram a libertação.

Urano não considera que romper se macule de sofrimento, mas de sim de renovação e de seus benefícios transformadores que trazem nova vida com mais serenidade e paz.

O planeta é símbolo das mudanças bruscas de situações, de estados, aquelas sobre as quais não podemos manter quase nenhum controle, principalmente quando sua ação é inesperada.

A ousadia ditada por Urano é deixar os padrões aceitos e arriscar para o novo, para aquilo que é desconhecido, e até nessa exposição correr o risco de não agradar a todos.

Ousar é na verdade arriscar e talvez até não dê certo, mas o impulso uraniano foi acionado.

A mente de natureza uraniana não pode deixar de se envolver ousadamente, que é o impulso, a alavanca, o detonador criativo que impele o homem nesse planeta.

Quando você ousa tem muitas vezes que enfrentar a discordância de outras mentes, mas o arriscar é preciso para defender e levar sempre adiante suas próprias ideias.

Urano se manifesta sem preconceitos seja racial, social e sexual.

O planeta é o grande alterador das possibilidades por ser aquele que nos confere o conhecimento sobre elas.

C uraniano, aliado ao planeta, representa a força criativa da vontade humana: invenções, descobertas. As possibilidades dinâmicas latentes do jovem são repentinas, estimulantes, arrasadoras e muitas vezes perigosas.

É preciso controlar a energia de Urano, mas a própria natureza do aquariano torna isso difícil.

Mude para o novo

Passado desgastado

Urano acarreta a transformação total da vida de forma que ela mude de uma direção para outra. Essas mudanças nos deixam boquiabertos, estarrecidos, sem conseguir compreender o porquê. Age como um verdadeiro terremoto, devastando e desconstruindo e não sabemos o que devemos fazer.

O que o planeta instiga causa certa desconfiança, pois tais mudanças causam temores e dúvidas uma vez que temos desconfiança do novo.

A mudança pode levar a vivenciar a sensação de perda, e quando o novo desponta parecemos estar sob ameaça de algo que não sabemos bem o que seja.

Ser uraniano é se conectar com o que é novo, mesmo que isso exija dose alta de coragem para enfrentar o desafio.

As mudanças uranianas costumam ser pouco ortodoxas ou pouco convencionais.

Urano clama para que o aquariano pare e jogue fora o que não serve mais, clama por abertura, limpeza para que o novo ocupe o espaço recém-preparado.

A evolução necessariamente passa pelo crivo transformador, que impõe deixar o passado que já não mais tem função essencial, pois se desgastou.

Os processos de modo geral podem ser investidos de alta tensão interior e de discordâncias dos demais em virtude da capacidade desses de conseguir alcançar o pensamento uraniano.

Urano incita ao jovem a ousadia de sair de padrões rígidos e aceitos e partir para o novo, o desconhecido, expor-se ao mundo. É preciso, muitas vezes, arriscar e até a não dar certo.

A mente envolvida pela criatividade precisa ousar – que é importante faculdade criativa do homem. Para ousar, o jovem precisa enfrentar a discordância dos demais sabendo que deve arriscar-se para defender e pôr em prática suas ideias.

O Aquariano é insuflado a:

- vivenciar a rebeldia – rebelando-se contra a ordem e contra o que está acontecendo;

- criticar – apontando os erros do sistema e das pessoas;

- revolucionar – quando após análise da situação parte para a efetiva atitude revolucionária.

Urano traz a ideia de transformação da vida, quando essa toma uma direção contrária e pode-se ficar perplexo sem entender o porquê. Dá a impressão de que se passa por um terremoto, após o qual nos vemos sem saber o que fazer.

Transformar é um processo necessário para o progresso da vida – não se evolui se não passarmos pelas penosas fases da transformação.

Durante o ato preparador dessas mudanças sofremos uma sensação desagradável de perda.

Para enfrentar o novo é preciso coragem para o enfrentamento do desconhecido; atenção plena e mente rápida para criar soluções aos reclames que surgem no momento.

É preciso estar plenamente capacitado para romper com o velho passado quando se torna imperioso desvincular-se de hábitos e rotinas ultrapassadas.

A transformação é o processo inerente ao progresso e ao desenvolvimento da vida. Urano é o insuflador de novas ideias, para que essas ideias prosperem.

Comportamentos uranianos

Contestador

Comportamentos positivos atribuídos ao planeta: humanitarismo, inventividade, versatilidade, intuição, engenhosidade e genialidade.

Comportamentos negativos atribuídos ao planeta: irritabilidade, perversidade, anormalidade, rebeldia, desprezo pela tradição e pelos costumes, sublevação.

As influências uranianas coadunam-se com as características do signo de Aquário.

A atuação positiva de Urano leva a pessoa a se adaptar facilmente às mudanças e pode ser espontânea e viver em harmonia com a energia e a inspiração universais.

A fama é uma possibilidade surgindo como uma consequência da livre manifestação do talento, aptidão musical ou genialidade.

A sensibilidade pode ser canalizada para a cura, as teorias excepcionais e ideias inventivas.

Quando a aplicação de Urano é negativa, as mudanças e a variedade são assustadoras. Os traumas podem advir de situações imprevisíveis e poderá ser difícil controlar os nervos.

O jovem, sob ação uraniana, pode estragar uma boa coisa ao mostrar-se ansioso demais e impaciente em atender um novo estímulo, exatamente quando a oportunidade está prestes a se concretizar. As situações repentinas e perturbadoras o mantém constantemente fora de equilíbrio.

Pode não apreciar as surpresas que a vida aguarda – seu sistema nervoso parece parar gravadores, causar curtos-circuitos em rádios ou aparelhos de TV. Pode deixar cair objetos, perder a agilidade ou tender para a histeria. Propensão a acidentes, rebelde, indisciplinado e contestador.

Um ser altruísta

Um ser altruísta – palavra criada pelo filósofo francês Auguste Comte em seus *Cours de Philosophie Positive*, que constituem a obra de referência do fundador dessa filosofia chamada "positivismo".

Estabeleceu esse termo tomando como ponto de partida a palavra que deriva do latim *alter*, e dispondo assim de uma palavra oposta ao egoísmo. Por isso, Comte definiu a noção de altruísmo como uma disposição inata à benevolência e à solidariedade, e não à abnegação como com frequência se interpreta erroneamente. O altruísmo não tende, portanto, à abnegação, embora tampouco faça distinção entre o interesse pessoal e o de seus semelhantes. Essa é a razão de ser tão solidário com o próximo.

Urano na Cabala

Cabalisticamente, Urano é relacionado à esfera de Kether,
A esfera de Kether é a das origens e começos. Tais princípios começam na mente, como pensamentos originais, o tipo de pensamento que é só seu e de mais ninguém.

O pensamento original precisa ser observado e compreendido. Cada nova invenção, peça musical e verso é o resultado direto do pensamento original.

Para ser você mesmo e realizar todo o seu potencial, você deve lutar para ser original. A busca do verdadeiro é algo importante.

Do ponto de visa prático, a esfera de Kether deve ser usada em todas as operações em que se busca o próprio eu. Você verá que é de suma utilidade na descoberta de quem você é e daquilo do que é capaz. Além de usar a imagem visual de galáxia de estrelas, você pode usar outras atribuições, como o ponto.

O planeta Urano simboliza os poderes da intuição e do pensamento original.

O QUE TODO JOVEM DE PEIXES PRECISA SABER SOBRE SEU REGENTE NETUNO

NETUNO
O Planeta tecelão dos sonhos

A influência do planeta na vida do jovem pisciano

Netuno como seu governante astrológico pode acentuar no jovem um gosto marcante pela poesia, fotografias, produções cinematográficas, espiritualidade ou terapias.

Pode ser um artista em várias artes devido sua sensibilidade, notadamente na pintura, música, dança, escultura e artes em geral.

Quando se volta para terapias, o jovem tem um espírito desejoso de ajudar, solucionar o problema para que o outro volte ao seu prumo.

O planeta lança sobre o nativo objetivos de vida sublimes e cercados de inspiração espiritual, e nesse contexto é preciso atentar-se com a possibilidade de se iludir facilmente, pois vive um mundo de sonhos e mistificação.

O jovem movido pela compaixão dá o que pode, e seja o que for que ofereça ou faça é

> *Busca de um sentido místico e criativo de sua vida cheia de ilusões e planos para si e que possam ser úteis ao próximo.*

com espírito altruísta e de amor. É preciso um mínimo de cautela quando se cerca de pessoas das quais se compadece a fim de satisfazer os seus anseios materiais.

Não deixar que a ansiedade seja caminho para a depressão, o desespero, o consumo de álcool ou outros nessa linha.

Netuno pode inspirar o espírito do pisciano para ideais e sonhos, para mais bondade e sacrifício para um bem maior. Também pode inspirar a produzir arte, música e literatura, assim como manifestações criativas.

A Astrologia em seus primórdios servia de meio pelo qual a autoconscientização poderia identificar o lugar da pessoa na ordem universal; e muito mais do que um instrumento para auxiliar o propósito pessoal nessa vida era, em essência, um caminho para a iluminação.

Dessa forma, foram desenvolvidas práticas religiosas para facilitar a elevação da alma às estrelas tornando-se a Astrologia uma designação de rota para a salvação.

Os seguidores dos ensinamentos dos textos herméticos, compilados no Egito no primeiro século a.C., e da religião mitraica que se expandiu em Roma entre os séculos II e IV, passavam por um ritual de preparação para o retorno da alma para as estrelas.

As duas correntes acreditavam na imperiosidade de liberação pessoal da trama do destino que era tecida no nascimento, e no encargo da responsabilidade pessoal pelas suas escolhas. Platão definiu: "A culpa é daquele que escolhe: Deus não tem culpa".

Conceituação geral

O astro quase se chamou Le Verrier, em homenagem a Urbain Le Vernier, um de seus descobridores. A comunidade astronômica não aceitou e o nomeou em homenagem ao deus romano dos mares, devido à cor azul. O azul profundo que colore o quarto "gigante gasoso" inspirou a escolha do nome Netuno, deus romano do mar.

O seu regente Netuno foi descoberto em 1846, numa época em que estava introduzindo a iluminação a gás, em que o espiritualismo era popular e a anestesia era aplicada. Assim denominado em homenagem ao deus romano do mar (equivalente ao deus Poseidon).

Logo após a descoberta de Netuno, vários astrônomos sugeriram nomes, geralmente inspirados em sua cor azul, muito parecida com os nossos mares; muitos *experts*, inclusive Arago, propuseram Le Vernier, depois de sua descoberta. Outros apresentaram Poseidon, o deus grego dos mares. Galle sugeriu Janus. Challis sugeriu Oceanus. O próprio Le Vernier propôs que fosse Netuno.

Ligado à divindade mesopotâmica Enki, associado à sabedoria e aos encantos mágicos, bem como às artes e aos ofícios da civilização.

Dessas primeiras considerações já extraímos algumas vinculações astrológicas, como o jovem voltar em determinado momento da vida para uma busca da espiritualização.

O planeta é associado com a inspiração artística e religiosa, poesia, dança, anestesia, gases e venenos. Por essas ilações se depreende que o jovem tem propensão para o mundo artístico, ou ao menos ser um grande apreciador.

Pode ser um bom dançarino e ter também algumas rejeições aos anestésicos e similares.

Netuno rege o signo de Peixes, sendo associado aos alucinógenos, aos hospitais, ao exílio e à prisão.

Netuno relaciona-se desde a perversidade à santidade; da loucura à genialidade.

Netuno representa o lado sutil, intangível da existência humana e tende a personificar a sensibilidade artística, especialmente expressa por meio da música.

Netuno representa também o misticismo e o amor mítico. As expressões negativas desse planeta são escapismo, ilusão, confusão e incerteza.

Linha do tempo de Netuno

Em 1612, Galileu vê Netuno no dia 28 de dezembro, mas não o reconhece como planeta.

Em 1843, John Adams calcula que há provavelmente outro planeta além de Urano, que afetaria sua órbita.

Em 1846, em agosto, o astrônomo britânico James Challis observa Netuno duas vezes, usando as predições de Adams, mas não reconhece o planeta.

Netuno é oficialmente descoberto por Johann Colle no Observatório de Berlim no dia 23 de setembro. Ela usa cálculos feitos por Urbain Le Vernier.

Conceituação astrológica
Dignidades e debilidades planetárias

Exaltação em Leão: impulsiona o idealismo e a criação artística. Dessa forma, o pisciano teria algumas coisas em comum com leonino notadamente no gosto pela arte.

Exílio em Virgem: a percepção do mundo se processa por meio do detalhe e da minúcia, perdendo a relação com o todo. O pisciano tem uma visão do todo, ou pelo menos deseja ingressar no complexo do universal, enquanto o virginiano tem uma visão mais acanhada da totalidade.

Queda em Aquário: dá importância ao saber científico em detrimento do conhecimento emocional.

Regente esotérico de Câncer: como regente esotérico de Câncer concede inspiração por intermédio de seus próprios ideais e tem uma ação produtiva – é solidário, leal e devotado à família. Pode desviar o caminho para oferecer ajuda e conforto. Dá a camisa que veste – as necessidades dos outros podem ser mais importantes que as do nativo. É um doador sem intuito de recompensa, mas se sentir que desagrada, isso pode ser uma decepção.

Experiências netunianas
Alicerces de sua filosofia

As experiências netunianas são variadas, como o desejo de fusão com o Cosmos que abrange a totalidade. No seu maior arrojo, o netuniano sente desejo profundo de se conectar com o Todo, o próprio sentido de divindade.

O jovem é movido pelo seu idealismo de um mundo que precisa ser ajudado e amparado. Um mundo doente que precisa ser curado.

O jovem acredita no poder da fé, da oração, da súplica, elementos esses de cunho netuniano que podem dar alicerce à construção de sua filosofia de vida.

O planeta confere ao nato do signo a sujeição a uma série de ilusões ou exageros na concepção da realidade. Talvez o jovem não consiga "enxergar" o mundo na sua forma real e muitas vezes ele foge para um mundo idealizado, que existiria em sua imaginação. Isso o leva a uma verdadeira "fuga" onde passa a viver numa situação que ele cria e que foge à realidade.

É preciso estar atento para o seu potencial imaginativo, que expande sua consciência além das fronteiras conhecidas e que nem sempre se conhece o que pode ser encontrado.

Pode ser afetado por experiências "proféticas", fenômenos psíquicos como a telepatia e a mediunidade.

O planeta traz para nosso mundo a fantasia, a inspiração e a ilusão. Nesse contexto, podem-se vivenciar experiências nebulosas e muitas delas difíceis de perceberem-se com clareza.

É preciso evitar a perda da esperança, as estranhas impressões e sensações e o isolamento. Qualquer isolamento não pode ser uma simples fuga do mundo, é preciso enfrentar com clareza todas as situações por mais difíceis que sejam.

Um dos atributos de Netuno é a clarividência, que é um termo que data do século XVI, utilizado para designar um ser que possui o dom da adivinhação. No entanto, em um princípio, o clarividente era um ser dotado de uma aguçada visão em sentido figurado, isto é, perspicaz. Podemos dizer que o clarividente foi considerado por nossos antepassados um ser com uma boa capacidade de discernimento.

É sempre importante dar atenção a que faculdades psíquicas o netuniano é portador, e como utilizá-las em seu proveito e dos demais seres.

O jovem pode desenvolver faculdades paranormais, ser um adepto ou praticante de hipnotismo.

Também outro aspecto, é a conexão com pessoas de natureza mental ou física debilitada. Pode ser atraído por pessoas que precisam de ajuda, aconselhamento ou um ombro amigo para expor seus anseios e dificuldades.

É sempre bom manter uma barreira em torno de si mesmo para proteger-se contra intenções consideradas manipulativas, ou até mesmo absorventes de energias negativas.

Esse planeta dissolve o que construímos e de que não necessitamos mais para nossa vida. Por isso é considerado o astro das desilusões.

Todos os planetas possuem, na interpretação humana, seu lado de positividade e o outro da negatividade que muitas vezes significa o exagero do lado positivo.

Comportamentos positivos atribuídos ao planeta: idealismo, espiritualidade, sutilidade, criatividade artística, dedicação e consideração pelos demais.

Comportamentos negativos atribuídos ao planeta: fraudulência, dissimulação, tendências a fraudes, enganos, morbidez, ideais utópicos, negligência, dispersão, indecisão, autoenganador, sem senso prático.

Bênçãos celestes
Amor universal

Netuno, regente do signo de Peixes, confere ao jovem uma camada de misticismo que pode levar a buscar experiências de cunho religioso, as quais podem dar grande sentido à sua vida.

São características netunianas do signo a compaixão e o sacrifício, e o jovem pode se empenhar em penetrar nesses meandros nem sempre fáceis de explorar. Na verdade, é o caminho dos santos e dos que se desapegam e desprendem em prol do auxílio aos outros.

Busca de um sentido místico e criativo de sua vida cheia de ilusões e planos para si e que possam ser úteis ao próximo.

O planeta confere ao jovem criatividade, sensibilidade, imaginação e apreciação estética, humanitarismo, sutileza, idealismo, ternura e grande devoção religiosa ou um "amor universal" envolvido por misticismo.

Muitas vezes pode viver entre o amor e o ódio, o bom e o mau caminho, a alegria e a tristeza, o profano e o sacro.

O astro rege a capacidade de deixar-se inspirar, portanto o jovem pode ser influenciado por esse potencial que pode ser colocado em prática nas artes, na música e na dança.

Seu sentido de amplidão fará com que se interesse pelos mais diversos assuntos e atividades numa busca de conhecimento, compreensão e descobertas que envolvem nosso mundo.

A inspiração netuniana pode ter acordes divinos quando o jovem se sente envolvido pela espiritualidade, religião ou pela própria filosofia. Essa inspiração eleva sua alma às alturas.

Netuno é um planeta que pode levar às alturas dos mais elevados pensamentos inspirados.

O jovem tende a se recusar a ver a fealdade das coisas, tudo pode lhe parecer belo e envolto num sentimento de amor oriundo da divindade.

O astro instiga à investigação mística, à criatividade artística, ao contato íntimo e profundo com a natureza e o cosmos.

Netuno rege as inspirações e inquietações da alma humana, impelindo à busca do distante e do transcendental.

Fé e cura
O espírito filosófico de Netuno

A cura pela fé consiste na firme convicção e profunda experiência de que o homem é no seu íntimo ser, perfeita saúde e sanidade, que o seu verdadeiro Eu é o "espírito de Deus que nele habita", no dizer de São Paulo; que a íntima essência humana é idêntica à essência do próprio Universo, que é o próprio Deus.

É lógico e evidente que a essência de Deus e a alma do Universo não possam estar doentes – Deus e o Cosmos detêm perfeita saúde e sanidade.

Quem é que está doente?

Doente está algo que eu tenho, e não aquilo que eu sou; algo nas minhas periferias, no meu ego ou na minha *persona*, é que está desarmonizado – mas eu sou perfeita saúde e sanidade; porque eu, na minha essência, sou a essência de Deus e do Universo, que não está nem podem jamais estar doente.

> *Deus é contigo de uma forma mais próxima e se apresenta nas mais diversas provações que sempre inspiram fé e gratidão.*

A cura consiste, pois, em re-harmonizar o meu ego externo com a harmonia do meu Eu interno; fazer meu ego humano (*persona*) à imagem e semelhança do meu Eu divino (indivíduo).

É essa compreensão filosófica que torna o netuniano um ser "divinal" alçado às esferas celestes mais próximas da divindade.

É aquele que tem sempre uma palavra amiga de aconselhamento diante das tribulações da vida.

Essa percepção da alma humana pode levá-lo a ser um excelente psicólogo ou psicanalista porque no fundo tem uma grande compreensão do Eu interior que habita no ser humano.

Como artista pode colocar no seu personagem ou representação um mundo de nuances diferenciadas porque o jovem tem contato com a maior diversidade de papéis que pode ser vivido.

O jovem se insere num contexto vasto de "personas" e nessa abrangência ele se diferencia dos demais por ter capacidade de ousar a entender os diferentes anseios de sua alma, e consequentemente das demais pessoas.

Possui, na verdade, um carisma todo especial que atrai pessoas que precisam de conforto, amizade, carinho, palavras de estímulo e principalmente que necessitam de compaixão.

Quem nunca questionou: "Como pude ser tão cego?". De repente, são nuances netunianas em ação.

O planeta oferece a desilusão como remédio para nossos deslizes de arrogância. Nesse momento, não é hora de amargura e sim de encontrar uma motivação mais elevada, pois a saída para os impasses de Netuno sempre passa pela decisão de abandonar o egoísmo. A dica é abraçar as experiências que Netuno trará com integridade e desprendimento.

Sua alma tende a se expandir além dos limites conhecidos procurando fortalecimento de suas crenças e melhor entendimento do mundo que o rodeia.

Para lidar com a sensação de estar à deriva em um mar de inconstância, muitos se voltam para a religião ou para o idealismo político ou social; outros, para as artes criativas; outros, ainda, podem se prender à adoração de heróis, moda, drogas ou álcool.

É fundamental evitar o apego e a dependência provenientes de se colocar em primeiro lugar.

Para compensar desapontamentos, a (auto)decepção e o vício destrutivo, deve cuidar dos outros. Assim, permanece assentado na realidade. Do mesmo modo, quando a coisas vão bem e desfruta a glória que Netuno oferece, deve lembrar-se de não guardar tudo para si mesmo.

Aura idealística

Um mundo particular

Em algumas esferas da vida, as coisas de repente podem parecer um tanto fora de foco e a pessoa não conseguir entender muito bem o que se passa.

As informações sutis do planeta são, muitas vezes, difíceis de serem decifradas e acabam sendo tomadas e consideradas como confusas e incompreensíveis.

O jovem nesse contexto pode desenvolver sua capacidade paranormal, sua mediunidade e aprimorar sua intuição. Esse "não entender" do universo netuniano leva-o a se inserir nesse mundo além do simplesmente palpável.

Mas, não é Netuno que é confuso, somos nós, humanos, ainda não tão competentes para decifrá-lo na íntegra. O netuniano tenta entender esse "seu mundo particular" para que possa mover-se com mais segurança e confiabilidade.

O jovem deve encarar a vida de modo realista, pois quando enfeita a realidade pode ter decepções e desencanto. Encarar quais sejam as decepções como lições do livro de aprendizagem da vida.

Por outro lado, essa irrealidade pode ser criativa quando ele alcança esferas superiores na criação artística ou profissional. Suas idealizações podem ser tão elevadas que qualquer frustração ou má expectativa leva-o a sentir-se decepcionado.

Tende, dessa forma, a se envolver numa aura idealística de projeção pessoal de beleza, de aspirações, de desejos longe do realizável para aquele momento.

Princípios de vida baseado na solidariedade e esperança de que possa fazer o próximo mais humano e respeitado.

Para o netuniano sempre existe uma perspectiva de melhora, de aprimoramento, de salutar disposição para vencer os percalços que qualquer ser humano encontra no caminho.

Deve verificar se seu senso de objetividade e propósito se voltam para o nebuloso, levando à possível questionamento do real sentido das coisas.

Netuno muitas vezes deixa uma pergunta no ar: o que é real e o que não é?

Nesse contexto, o jovem pode alçar voos nas artes, no teatro, na dança, no romance, na busca do amor, na solidariedade aos demais seres humanos e até aos animais.

Pode ter aptidão para ensinar meditação, ioga, acupuntura, numerologia, cursos bíblicos e medicina natural.

Tem uma ligação com amplitude da mente, à vastidão, ao mar, às viagens físicas, psíquicas e emocionais.

O pisciano é muito influenciável e impressionável, sendo considerado a 'esponja psíquica' do zodíaco que tudo capta e tudo sente.

Água das emoções

Empatia

Netuno regendo Peixes tem estreita relação com o elemento Água, simbolizado pelo oceano (destino de todas as águas) que comporta o líquido proveniente do menor córrego ao mais caudaloso dos rios.

Esse elemento conecta e unifica tudo o que é vivo, é fonte de vida. A água relaxa, cura e acolhe, qualidades do jovem pisciano que serão desenvolvidas durante a vida.

Da mesma maneira que a água vence barreiras mais resistentes da natureza, ela nos ajuda e encontrar clareza para vencer bloqueios emocionais a fim de podermos prosseguir.

O elemento água faz do pisciano em jovem dedicado, romântico, sonhador, enfocado nos problemas dos outros e pronto a prestar algum auxílio, nem que seja um simples aconselhamento.

Gênio artístico interior

Domínio dos sonhos

O astro tem características que inspiram ao amor universal, dons extrafísicos, o desprendimento em prol do outro.

Também pode seguir caminhos tais como a dispersão, a inquietação, o irrealismo e a passividade.

Netuno governa o canal espinal, o tálamo, as drogas anestésicas e os venenos.

O jovem ao longo da vida pode sentir inquietação que o leva a captar as vibrações cósmicas e exercitar seu corpo etéreo.

Assim, o jovem motivado por Netuno pode sentir desejo de exaltar a sua sensibilidade e o gênio artístico que traz em seu interior.

Um possível dom artístico inato com grandes valores que podem ser expostos no teatro, no cinema ou na televisão.

O netuniano pode oscilar entre os extremos de alçar-se bem alto e cair nas profundezas do desespero. Mas essas intercorrências servem para fortalecer seu espírito.

A escada para alcançar o domínio dos sonhos pode encontrar degraus de comportamentos maníaco-depressivos.

Quando as esperanças e sonhos são abalados, os amortecedores confortantes de um paraíso artificial podem irradiar cenas mentais maravilhosas em belo colorido. Porém, a confiança plena e total nos meios artificiais de consumir os sonhos de uma vida idealizada pode ser perigosa.

PALAVRAS-CHAVES NETUNIANAS		
Visões	Idealismo	Espiritualismo
Mediunidade	Hipnotismo	A vida marinha
Anestesia	Vícios	Drogas em geral
Estética	Inspiração	Devoção
Caos	Desorganização	Confusão
Enganos	Disfarces	Sedução
Mistérios	Desaparecimentos	Afogamentos
Escândalo	Intriga	Incerteza

PALAVRAS-CHAVES NETUNIANAS		
Asilos	Hospitais	Prisões
Sonhos	Encantamento	Alucinações
Neblina	Nuvens	Gases
Coma	Obsessão	Segredos
Caridade	Religiosidade	Compaixão